AF261907

ÉLÉMENTS

DE LA

GRAMMAIRE FRANÇAISE,

PAR LHOMOND,

PROFESSEUR ÉMÉRITE

EN LA CI-DEVANT UNIVERSITÉ DE PARIS,

DIX-HUITIÈME ÉDITION,

CONFORME AUX ÉDITIONS PUBLIÉES PAR L'AUTEUR;

Avec des Notes explicatives ou additionnelles,

Par Alexandre BONIFACE, Instituteur.

PRIX: 1 fr. cartonné.

A PARIS,

F. GUITEL, LIBRAIRE, RUE J.-J. ROUSSEAU, N°. 5.

MAIRE-NYON, QUAI DE CONTI, N°. 13.

1824.

Cette Grammaire se trouve aussi :

à Paris, chez MM.

BRUNOT-LABBE, Libraire, quai des Augustins, n°. 33.

LECOINTE et DUREY, Libraires, quai des Augustins, n°. 49.

COLAS fils, Libraire, rue Dauphine, n°. 32.

à Lyon, chez M. BOHAIRE, Libraire.

à Morlaix, chez M. PETIT, Libraire.

à Orléans, chez M. BEAUFORT-GUYOT, Libraire.

à Rouen, chez M. FRÈRE aîné, Libraire,

à Strasbourg, chez LEVRAULT, Libraire.

à Vesoul, chez Mme v^e DELABORDE, Libraire.

à Bruxelles, chez M. LÉCHARLIER, Libraire.

OBSERVATIONS DE L'ÉDITEUR.

Le grand succès qu'a obtenu la Grammaire de Lhomond, est dû à la juste réputation de l'auteur, à la simplicité et à la clarté de cet ouvrage, qui a paru dans un temps où la grammaire de Restaut, alors généralement adoptée, commençait à tomber en discrédit.

A la vérité, cette grammaire de Lhomond n'est plus à son tour au niveau de la science; plusieurs de ses définitions sont inexactes ou au moins incomplètes; quelques détails nécessaires y sont omis, et une erreur grave s'y est glissée; mais l'auteur est loin de mériter les sarcasmes dont l'accablent quelques-uns de nos grammairiens modernes, qui devraient du moins se reporter à l'époque où sa grammaire a été publiée, et rendre plus de justice à un professeur estimable qui s'est dévoué à l'instruction de l'enfance, et qui, j'ose le dire, a rendu, par la publication de ses ouvrages élémentaires, plus de services à l'enseignement que n'en rendront jamais ses critiques par tous leurs savants Traités de grammaire, d'idéologie, etc.

S'il s'agissait de porter mon jugement sur une telle grammaire nouvellement publiée, je ne la recommanderais point comme le meilleur ouvrage élémentaire; mais il en est tout autrement : elle est adoptée partout; plus de cent mille exemplaires en sont imprimés chaque année ; c'est le Manuel grammatical de presque tous les Instituteurs de la France; et il est aussi impossible d'en abolir l'usage dans les écoles, que d'y introduire un système de grammaire tout-à-fait nouveau.

Cette considération, ou peut-être quelque autre que je ne crois pas devoir citer, a engagé plusieurs grammairiens à publier de nouvelles éditions de Lhomond; mais, au lieu de respecter le texte de l'auteur, ils l'ont tellement mutilé d'un côté, et délayé de l'autre, qu'il n'est plus reconnaissable ; aussi l'un d'eux a-t-il enfin fait disparaître le nom de Lhomond, dont il s'était servi comme de véhicule pour le sien.

Tout en vénérant Lhomond et en respectant son ouvrage, je crois pouvoir en publier une nouvelle édition avec des notes explicatives ou additionnelles; mais je ne me suis point permis de changer le texte, qui est celui de l'auteur même dans les éditions publiées sous ses yeux, parce que les autres sont plus ou moins fautives ; cependant j'ai cru devoir changer une règle qui n'est ni conforme à l'usage, ni adoptée par les grammairiens. C'est celle-ci sur l'orthographe de *tout* :

« Si l'adjectif féminin est au *singulier*, ou si, étant
» au pluriel, il commence par une consonne, alors
» on met *toute, toutes*; exemple: cette image TOUTE
» *amusante* qu'elle est, etc.

Dans cet exemple il faut absolument TOUT *amusante*, comme dans l'exemple précédent cité par l'auteur : ces images *tout* amusantes qu'elles sont.

Le changement que j'ai fait de *oi* en *ai*, ne peut pas être considéré comme une altération du texte. Quant à la conservation du *t* dans les mots en *ant, ent*, je ne suis que l'opinion de l'auteur, qui n'a nullement indiqué la suppression de cette lettre pour le pluriel de ces sortes de mots.

Cette nouvelle édition est un hommage que je rends sincèrement à Lhomond, et, je l'avoue, un grand sacrifice que je fais à mon amour-propre comme grammairien, dans la seule vue de faciliter, autant qu'il est en mon pouvoir, la propagation de l'enseignement élémentaire de la langue française ; ce que je ne pourrais obtenir avec autant de succès par mes propres ouvrages.

Paris, ce 15 Août 1824.

Boniface.

Instituteur.

PRÉFACE.

C'EST par la langue maternelle que doivent commencer les Études, dit M. Rollin. Les Enfants comprennent plus aisément les principes de la Grammaire, quand ils les voient appliqués à une langue qu'ils entendent déjà, et cette connaissance leur sert comme d'introduction aux langues anciennes qu'on veut leur enseigner. Nous avons de bonnes Grammaires françaises, mais je doute que l'on puisse porter un jugement aussi favorable des Abrégés qui ont été faits pour les commençants. Les premiers Éléments ne sauraient être trop simplifiés. Quand on parle à des Enfants, il y a une mesure de connaissances à laquelle on doit se borner, parce qu'ils ne sont pas capables d'en recevoir davantage. Il est surtout important de ne pas leur présenter plusieurs objets à la fois ; il faut, pour ainsi dire, faire entrer dans leur esprit les idées une à une, comme on introduit une liqueur goutte à goutte dans un vase dont l'embouchure est étroite : si vous en versez trop en même-temps, la liqueur se répand, et rien n'entre dans le vase. Il y a aussi un ordre à garder ; cet ordre consiste principalement à ne pas supposer des choses que vous n'avez pas encore dites, et à commencer par les connaissances qui ne dépendent point de celles qui suivent. Enfin, il y a une manière de s'énoncer accommodée

À leur faiblesse : ce n'est point par des défi-nitions abstraites qu'on leur fera connaître les objets dont on leur parle, mais par des caractères sensibles, et qui les rendent faciles à distinguer (1).

On sent que, pour exécuter ce plan, il faut connaître les Enfants. Appliqué pendant vingt années aux fonctions de l'instruction publi-que, j'ai été à portée de les observer de près, de mesurer leurs forces, de sentir ce qui leur convient : c'est cette connaissance, que l'ex-périence seule peut donner, qui m'a déter-miné à composer des Livres élémentaires. Puisse l'exécution remplir l'unique but que je me propose, celui d'être utile et d'épar-gner à cet âge aimable une partie des larmes que les premières études font couler !

______

(1) Une définition présente une idée générale qui suppose des idées particulières ; et l'Enfant n'ayant pas encore acquis ces idées particulières, ne peut entendre la définition.

J'ai compris sous la dénomination de pronoms *adjectifs*, tous ceux que l'on appelle *démonstratifs*, *possessifs*, etc. parce que l'Enfant a vu ce qui se nomme *adjectif*, et parce qu'il *convient de diminuer le nombre des mots barbares* dans une Grammaire élémentaire.

Lhomond (Charles-François) professeur-émérite de l'Université de Paris, né en 1727, à Chaulnes, dep⁺ de la Somme, était boursier au collège d'Inville, où il fit ses études et dont il devint principal. Nommé professeur au collège du cardinal Lemoine, il s'attacha de préférence à instruire les jeunes enfants, et malgré des instances réitérées, il répondit constamment qu'il n'abandonnerait jamais ses sixièmes. Il remplit pendant plus de 20 ans cette carrière honorable. Il adopta avec modération les principes de la révolution, dont il faillit devenir victime; il fut arrêté dans les premiers jours d'août 1792, et enfermé à Saint-Firmin. Tallien, qui avait été son élève, s'intéressa vivement en sa faveur et le fit mettre en liberté presque aussitôt. Plusieurs mois après cet évènement, il fut assailli, étant sur le boulevard de la Salpétrière, par deux malfaiteurs qui le volèrent après l'avoir laissé pour mort néanmoins il n'était pas dangereusement blessé. Cet homme estimable et laborieux, dont tous les goûts étaient simples, a, toute sa vie, cultivé la botanique avec soin, et y était devenu fort habile. Le savant Haüy fut son élève; c'est un titre de plus à la reconnaissance publique. On croit assez généralement que Lhomond, qui mourut le 31 décembre 1794, à l'âge de 67 ans, fut redevable de la santé dont il a joui constamment, à la promenade qu'il était dans l'usage de faire tous les jours jusqu'à Sceaux : exercice qu'il n'a jamais interrompu, quelque temps qu'il fît. Il a publié 1°. de *Viris illustribus Romœ* (*); 2°. Éléments de la Grammaire

____

(*) Cet ouvrage, ainsi que tous ceux de Lhomond, se trouvent chez M. Guitel, Libraire, rue J. J. Rousseau.

latine ; 3°. Éléments de la Grammaire française ;
4°. *Epitome historiæ sacræ* ; 5°. Doctrine chrétienne, en forme de lecture de piété, où l'on
expose les preuves de la religion, les dogmes de
la foi, les règles de la morale, ce qui concerne
les sacrements et la prière ; 6°. Histoire abrégé de
de l'Eglise, où l'on expose ses combats et ses vic-
toires dans les temps de persécutions, d'hérésies e
de scandales, et où l'on montre que sa conserva
tion est une œuvre divine, ainsi que son établisse
ment ; 7°. Histoire abrégée de la Religion avan
la venue de Jésus-Christ, où l'on expose les pro
messes que Dieu a faites d'un Rédempteur, le
figures qui l'ont représenté, les prophéties qui l'on
annoncé et la suite des évènements temporels qu
lui ont préparé les voies, et où l'on démontre l'ar
tiquité et la divinité de la religion chrétienne. Ce
ouvrages jouissent de l'estime des pères de famille
et sont entre les mains de tous les enfants ; ils or
été souvent réimprimés, mais on en a fait à plu
sieurs des additions qui n'ont eu qu'en très-peti
quantité l'approbation des gens de goût.

ÉLÉMENTS

DE

LA GRAMMAIRE FRANÇAISE.

INTRODUCTION.

La Grammaire est l'art de parler et d'écrire correctement (1). Pour parler et pour écrire, on emploie des mots : les mots sont composés de lettres.

Il y a deux sortes de lettres, les *voyelles* et les *consonnes*.

Les voyelles sont *a*, *e*, *i*, *o*, *u* et *y*. On les appelle *voyelles*, parce que, seules, elles forment une voix, un son.

Il y a trois sortes d'*e* : *e* muet, *é* fermé, *è* ouvert.

L'e *muet*, comme à la fin de ces mots, *homme*, *monde* : on l'appelle *muet*, parce que le son en est sourd et peu sensible (2).

L'é *fermé*, comme à la fin de ces mots, *bonté*, *café* : cet *é* se prononce la bouche presque fermée (3).

L'e *ouvert*, comme à la fin de ces mots,

----

(1) Ecrire signifie ici : *exprimer ses pensées par écrit.*

(2) Cet *e* est quelquefois nul, comme dans je prie, je jouerai, soierie.

(3) On le prononce aussi *é*, quoique sans accent, dans assez, cocher.

1

procès, *accès*, *succès* ; pour bien prononcer cet *é*, il faut appuyer dessus, et desserrer les dents (1).

L'*y* grec (2) s'emploie le plus souvent pour deux *i*, comme dans *pays*, *moyen*, *joyeux*: prononcez *pai-is*, *moi-ien*, *joi-ieux*, (*).

Il y a dix-huit consonnes (**); savoir, *b*, *c*, *d*, *f*, *g*, *j*, *k*, *l*, *m*, *n*, *p*, *q*, *r*, *s*, *t*, *v*, *x*, *z*. Ces lettres s'appellent *consonnes*, parce qu'elles ne forment un son qu'avec le secours des voyelles, comme *ba*, *be*, *bi*, *bo*, *bu* : *ca*, *ce*, *ci*, *co*, *cu* : *da*, *de*, *di*, *do*, *du*, &c.

La lettre *h* ne se prononce pas dans certains mots, l'*homme*, l'*honneur*, l'*histoire*, &c. qu'on prononce comme s'il y avait l'*omme*, l'*onneur*, l'*istoire* ; alors on l'appelle *h muette*.

Mais dans les mots suivants, la *haine*, le *hameau*, le *héros*, la lettre *h* fait prononcer du gosier la voyelle qui suit ; alors on l'appelle *h aspirée* ; ainsi l'on écrit et l'on prononce séparément les deux mots *la haine*, et non pas *l'haine*, *les héros*, et non pas comme s'il y avait *les zhéros*.

Des voyelles longues et brèves.

Les voyelles longues sont celles sur lesquelles on appuie plus long-temps que sur les autres en les prononçant.

---

(1) On entend aussi cet *e* dans *estime*, *vertu*, *procession*.

(2) L'*y* ne s'emploie pour deux *i* qu'après une voyelle.

(*) L'exception n'a lieu que dans les mots tirés du grec, *hymne*, *Hippolyte*, *pyramide*, etc. ; alors il se prononce comme l'*i* simple.

(**) Non compris la lettre *h*..

Les voyelles *brèves* sont celles sur lesquelles on appuie moins long-temps.

Par exemple, *a* est long dans *pâle* pour faire
du pain ; il est bref dans *pate* d'animal.

e est long dans *tempéte*, il est bref dans
trompette.

i est long dans *gîte*, et bref dans *petite*.

o est long dans *apôtre*, et bref dans *dévote*.

u est long dans *flûte*, et bref dans *butte*.

Pour marquer les différentes sortes d'*e* et
les voyelles longues, on emploie trois petits
signes que l'on appelle *accents* ; savoir: l'accent aigu (') qui se met sur les *é* fermés, *bonté*; l'accent grave (`) qui se met sur les *é*
ouverts, *accés*; et l'accent circonflexe (^)
qui se met sur la plupart des voyelles longues,
apôtre (1).

Il y a en français dix sortes de mots qu'on
appelle les *parties du discours*; savoir : le
Nom (2), l'*Article*, l'*Adjectif*, le *Pronom*,
le *Verbe*, le *Participe*, la *Préposition*,
l'*Adverbe*, la *Conjonction* et l'*Interjection*.

____

(1) Il faut cependant remarquer ici que l'*e*, soit fermé, soit
ouvert, ne prend point l'accent quand il ne termine par la syllabe : estimer, restez.

La syllabe est une ou plusieurs lettres qui se prononcent
d'une seule émission de voix, comme *a, ou, loi, chant*, etc.
Quand la syllabe fait entendre deux sons, comme *lui, soi, foin*,
qui se prononcent d'une seule émission de voix, ces deux sons
prennent le nom de *diphthongue*.

(2) Qu'on appelle aussi *substantif*.

CHAPITRE PREMIER.

PREMIÈRE ESPÈCE DE MOTS.

Le Nom.

LE *Nom* est un mot qui sert à nommer une personne ou une chose, comme *Pierre*, *Paul*, *Livre*, *Chapeau* (1).

Il y a deux sortes de noms, le nom *commun* et le nom *propre*.

Le nom *commun* est celui qui convient à plusieurs personnes, ou à plusieurs choses semblables (2) : *homme*, *cheval*, *maison*, sont des noms communs; car le nom *homme* convient à Pierre, à Paul, &c.

Le nom *propre* est celui qui ne convient qu'à une seule personne ou à une seule chose, comme *Adam*, *Eve*, *Paris*, *la Seine*.

Dans les noms il faut considérer le *genre* et le *nombre* (3).

Il y a en français deux genres, le *masculin* et le *féminin*. Les noms d'hommes ou de mâles sont du genre masculin, comme un *père*, un *lion* : les noms de femmes ou de femelles sont du genre féminin, comme une

----

(1) Il exprime un être animé, comme *cheval*, ou un être inanimé, comme *livre* : il est *physique*, c'est-à-dire existant dans la nature, comme *homme*, *table*, ou *abstrait*, c'est-à-dire n'existant que dans l'esprit, comme *douceur*, *bonté*.

(2) C'est-à-dire à tous les individus de la même espèce.

(3) Le *genre* est, dans le nom ou substantif, la distinction du sexe; et le *nombre*, la propriété qu'il a de représenter *un* ou *plusieurs* objets.

mère, une *lionne*. Ensuite, par imitation (1), l'on a donné le genre masculin ou le genre féminin à des choses qui ne sont ni mâles ni femelles, comme un *livre*, une *table*, le *soleil*, la *lune*.

Il y a deux nombres, le *singulier* et le *pluriel* : le singulier quand on parle d'une seule personne ou d'une seule chose, comme un *homme*, un *livre* ; le pluriel, quand on parle de plusieurs personnes ou de plusieurs choses, comme *les hommes*, *les livres*.

Comment se forme le pluriel dans les noms?

RÈGLE GÉNÉRALE.

Pour former le pluriel, ajoutez *s* à la fin du nom : le *père*, les *pères* ; la *mère*, les *mères* ; le *livre*, les *livres* ; la *table*, les *tables*.

Première remarque. Les noms terminés au singulier par *s*, *z*, *x*, n'ajoutent rien au pluriel : le *fils*, les *fils* ; le *nez*, les *nez* ; la *voix*, les *voix*,

Deuxième remarque. Les noms terminés au singulier par *au*, *eu*, *ou*, prennent *x* au pluriel : le *bateau*, les *bateaux* ; le *feu*, les *feux*, le *caillou*, les *cailloux* (2).

Troisième remarque. La plupart des noms terminés au singulier par *al*, *ail*, font leur pluriel en *aux* : le *mal*, les *maux* ; le *che-*

____

(1) puis par extension.
(2) Cette règle ne peut convenir qu'aux noms en *au* et en *eu* ; ceux qui sont en *ou* prennent généralement une *s*, excepté *chou*, *genou*, *hibou*, *caillou* et *pou*, qui prennent *x*.

val, les *chevaux*; le *travail*, les *travaux*. (Excepté *détails*, *éventails*, *portails*, *gouvernails*, *camails*, *épouvantails*).(1) *Aïeul ciel*, *œil*, font au pluriel *aïeux*, *cieux*, *yeux*.

CHAPITRE II.

SECONDE ESPÈCE DE MOTS.

L'Article le, la, les.

L'ARTICLE est un petit mot que l'on met devant les noms communs, et qui en fait connaître le genre et le nombre.

Nous n'avons qu'un article : *le*, *la*, au singulier, *les* au pluriel. *Le* se met devant un nom singulier masculin, *le père*; *la* se met devant un nom singulier féminin, *la mère*; *les* se met devant tous les noms pluriels, soit masculins, soit féminins, *les pères*, *les mères*. Ainsi l'on connaît qu'un nom est du genre masculin, quand on peut mettre *le* devant ce nom; on connaît qu'un nom est du genre féminin, quand on peut mettre *la* (2).

Il y a deux remarques à faire sur l'article.

Première remarque. On retranche e dans le mot *le*, on retranche a dans *la*, quand

______

(1) Les noms en *al* qui prennent une *s* pour le pluriel sont bal, régal, carnaval, cal, et quelques autres.

Les seuls noms en *ail* qui pour le pluriel changent *ail* en *aux*, sont *ail*, *émail*, *corail*, *soupirail*, *vantail* et *travail*; l'ail fait les *aulx*, le *bétail*, les *bestiaux*.

(2) Quand les substantifs commencent par une voyelle, au lieu des articles *le*, *la*, on se sert des mots *un*, *une*, *cet*, *cette*, ou d'un adjectif féminin.

le mot suivant commence par une voyelle ou une *h* muette.

Ainsi l'on dit *l'argent* pour *le argent*, *l'histoire* pour *la histoire*; mais alors on met à la place de la lettre retranchée cette petite figure (') qu'on appelle *apostrophe*, *Voyez* chap. XI, *de l'Orthographe*.

Deuxième remarque. Pour joindre un nom à un mot précédent, on met *de* ou *à* devant ce nom; *fruit* de *l'arbre*; *utile* à *l'homme*.

Alors, au lieu de mettre *de le* devant un nom masculin singulier qui commence par une consonne, on met *du*.

Au lieu de *à le*, on met *au*.

Devant un nom pluriel, *de les* se change en *des*; *à les* se change en *aux*.

Exemples.

SINGULIER MASCULIN.

le Père.
Maison *du* Père, pour *de le* Père.
Je plais *au* Père, pour *à le* Père.

PLURIEL MASCULIN.

les Pères.
Maison *des* Pères, pour *de les* Pères.
Je plais *aux* Pères, pour *à les* Pères.

Au contraire, *de* et *à* devant *la* ne se changent jamais.

SINGULIER FÉMININ.

la Mère.
de la Mère.
à la Mère.

PLURIEL FÉMININ.

les Mères.
des Mères, pour *de les* Mères.
aux Mères, pour *à les* Mères.

CHAPITRE III.

TROISIÈME ESPÈCE DE MOTS.

L'Adjectif.

L'ADJECTIF est un mot que l'on ajoute au nom pour marquer la qualité d'une personne ou d'une chose, comme *bon* père, *bonne* mère ; *beau* livre, *belle* image : ces mots, *bon*, *bonne*, *beau*, *belle*, sont des adjectifs joints aux noms *père*, *mère*, &c.

On connaît qu'un mot est adjectif quand on peut y joindre le mot *personne* ou *chose* : ainsi *habile*, *agréable*, sont des adjectifs, parce qu'on peut dire *personne habile*, *chose agréable*.

Les adjectifs ont les deux genres, *masculin* et *féminin*. Cette différence de genre se marque ordinairement par la dernière lettre.

Comment se forme le féminin dans les adjectifs français ?

RÈGLE GÉNÉRALE. Quand un adjectif ne finit point par un *e* muet, on y ajoute un *e* muet pour former le féminin : *prudent, prudente ; saint, sainte ; méchant, méchante ; petit, petite ; grand, grande ; poli, polie ; vrai, vraie*, &c.

EXCEPTIONS. *Première exception.* Les adjectifs suivants, *cruel, pareil, fol, mol, ancien, bon, gras, gros, nul, net, sot, épais,* &c. doublent au féminin leur dernière consonne avec l'*e* muet : *cruelle, pareille, folle, molle, ancienne*, *bonne*, *grasse*, *grosse*, *nulle*, *nette*, *sotte*, *épaisse* (1).

Beau et *nouveau* font au feminin *belle*, *nouvelle*, parce qu'au masculin on dit aussi *bel*, *nouvel*, devant une voyelle ou une *h* muette, *bel oiseau*, *bel homme*, *nouvel an*.

Deuxième exception. *Blanc*, *franc*, *sec*, *frais*, font au féminin *blanche*, *franche*, *sèche*, *fraîche*.

Public, *caduc*, font *publique*, *caduque*. (2).

Troisième exception. Les adjectifs *bref*, *naïf*, font au féminin *brève*, *naïve*, en changeant *f* en *v* (3); *long* fait *longue*.

Quatrième exception. *Malin*, *bénin*, font *maligne*, *bénigne* (4).

Cinquième exception. Les adjectifs en *eur* font ordinairement leur féminin en *euse*; *trompeur*, *trompeuse*; *parleur*, *parleuse*; *chanteur*, *chanteuse* : cependant *pêcheur* fait *pécheresse*; (5) *acteur* fait *actrice*; *protecteur*, *protectrice* (6).

Sixième exception. Les adjectifs terminés en *x* se changent en *se* : *dangereux*,

---

/ (1) Ce redoublement de la consonne a lieu, 1°. Quand l'adjectif masculin est terminé en *el*, *en*, *et*, *on*; excepté *complet*, *secret*, *discret*, *replet*, *concret*.

2°. Quand le redoublement est exigé par la prononciation, comme dans *pareil*, *bas*.

3° Dans *fol*, *mat*, *nul*, *sot*, *vieillot*, *paysan*.

(2) *Turc* et *grec* font *turque* et *grecque*.

(3) Il en est de même des autres adjectifs en *f*.

(4) *Favori* et *coi* font *favorite* et *coite*.

(5) *Vengeur*, *vengeresse*.

(6) La plupart des adjectifs en *teur*, où l'on ne peut pas changer *eur* en *ant*, font *trice* au féminin.

dangereuse ; *honteux*, *honteuse* ; *jaloux*, *jalouse*, &c. Cependant *doux* fait *douce*, *roux* fait *rousse*.

Comment se forme le pluriel?

Le pluriel dans les adjectifs se forme comme dans les noms, en ajoutant *s* à la fin : *bon*, *bonne* : au pluriel *bons*, *bonnes*, &c.

Mais la plupart des adjectifs qui finissent par *al* n'ont pas de pluriel masculin, comme *filial*, *fatal*, *frugal*, *pascal*, *pastoral*, *naval*, *trivial*, *vénal*, *littéral*, *conjugal*, *austral*, *boréal*, *final* (1).

ACCORD DES ADJECTIFS AVEC LES NOMS.

Règle. Tout adjectif doit être du même genre et du même nombre que le nom auquel il se rapporte.

Exemples. *Le bon père, la bonne mère* : *bon* est du masculin et du singulier, parce que *père* est du masculin et du singulier ; *bonne* est du féminin et du singulier, parce que *mère* est du féminin et du singulier.

De beaux jardins, de belles fleurs : *beaux* est du masculin et au pluriel, parce que *jardins* est du masculin et au pluriel, &c.

Quand un adjectif se rapporte à deux noms singuliers, on met cet adjectif au pluriel, parce que deux singuliers valent un pluriel.

Exemple. *Le roi et le berger sont égaux après la mort* (et non pas *égal*).

---

(1) On pourrait excepter de ces adjectifs les noms *fatal*, *pascal*, *naval*, qui prennent une *s*, et *trivial*, *vénal*, *conjugal*, qui changent *al* en *aux*. Les autres adjectifs changent *al* en *aux* : *égal*, *égaux*, etc.

Si les deux noms sont de différents genres, on met l'adjectif au masculin.

Exemple. *Mon père et ma mère sont con-tents* (et non pas *contentes*).

Quant à la place des adjectifs, il y en a qui se mettent devant le nom, comme *beau* jardin, *grand* arbre, &c. D'autres se mettent après le nom, comme *habit* rouge, *table* ronde, &c. L'usage est le seul guide à cet égard.

RÉGIME DES ADJECTIFS (*).

Règle. Pour joindre un nom à un adjectif précédent, on met *de* ou *à* entre cet adjectif et le nom : alors on appelle ce nom le *régime* de l'adjectif.

Exemple. *Digne de récompense , content de son sort, utile à l'homme, semblable à son père, propre à la guerre. Récompense* est le régime de l'adjectif *digne*, parce qu'il est joint à cet adjectif par le mot *de. L'homme* est le régime de l'adjectif *utile*, parce qu'il est joint à cet adjectif par le mot *à.*

Degrés de signification dans les adjectifs.

On distingue dans les adjectifs trois degrés de signification, le *positif*, le *comparatif* et le *superlatif.*

Le *positif* n'est autre chose que l'adjectif même, comme *beau, belle, agreable.*

(*) La manière d'accorder un mot avec un autre mot, ou de faire régir un mot par un autre mot, s'appelle la *syntaxe* ainsi la syntaxe est la manière de joindre les mots ensemble. Il y a deux sortes de syntaxe la syntaxe d'*accord*, par laquelle on fait accorder deux mots en genre, en nombre, etc., la syntaxe de *régime*, par laquelle un m t régit *de* ou *à* devant un autre mot.

Le *comparatif*, c'est l'adjectif avec comparaison. Quand on compare deux choses , on trouve que l'une est ou supérieure à l'autre, ou inférieure à l'autre, ou égale à l'autre.

Pour marquer un comparatif de *supériorité*, on met *plus* devant l'adjectif, comme *la rose est* plus *belle que la violette.*

Pour marquer un comparatif *d'infériorité*, on met *moins* devant l'adjectif, comme *la violette est* moins *belle que la rose.*

Pour marquer un comparatif *d'égalité*, on met *aussi* devant l'adjectif , comme *la rose est* aussi *belle que la tulipe.*

Le mot *que* sert à joindre les deux choses que l'on compare.

Nous avons trois adjectifs qui expriment seuls une comparaison : *meilleur*, au lieu de *plus bon*, qui ne se dit pas ; *moindre ,* au lieu de *plus petit ; pire ,* au lieu de *plus mauvais ,* comme *la vertu est* meilleure *que la science, le mensonge est* pire *que l'indocilité.*

L'adjectif est au *superlatif* quand il exprime la qualité dans un très-haut degré, ou dans le plus haut degré. Pour former le superlatif on met *très ,* ou *le plus ,* devant l'adjectif, comme *Paris est une très-belle ville ,* et alors le superlatif s'appelle *absolu ;* ou *Paris est* la plus *belle des villes ;* et ce superlatif s'appelle *relatif,* parce qu'il marque un rapport aux autres villes.

Noms et Adjectifs de nombre.

Les noms de nombre sont ceux dont on se sert pour compter.

Il y en a de deux sortes : les noms de nombre *cardinaux* et les noms de nombre *ordinaux.*

Les noms de nombre *cardinaux* sont *un, deux, trois, quatre, cinq, six, sept, huit, neuf, dix, onze, douze, treize, quatorze, quinze, seize, dix-sept, dix-huit, dix-neuf, vingt, trente, quarante, cinquante, soixante, quatre-vingts, cent, mille, &c.*

Les noms de nombre *ordinaux* se forment des cardinaux : ces noms sont *premier, second, troisième, quatrième, cinquième, sixième, septième, huitième, neuvième, dixième, &c.*

Il y a encore des noms de nombre qui servent à marquer une certaine quantité, comme une *dizaine,* une *douzaine,* &c.

Il y en a encore d'autres qui marquent les parties d'un tout, comme la *moitié,* le *tiers,* le *quart,* &c.

Enfin il y en a qui servent à multiplier, comme le *double,* le *triple,* &c.

CHAPITRE IV.

QUATRIÈME ESPÈCE DE MOTS.

Du Pronom.

LE *pronom* est un mot qui tient la place du nom.

Pronoms personnels.

Les Pronoms *personnels* sont ceux qui désignent les personnes.

Il y a trois personnes : la première personne est celle qui parle ; la seconde personne est celle à qui l'on parle ; la troisième
personne est celle de qui l'on parle (1).

Pronom de la première personne.

Ce pronom est des deux genres : masculin,
si c'est un homme qui parle ; féminin, si c'est
une femme.

EXEMPLES.

SINGULIER.   Je *ou* moi.

Me *pour* à moi, moi.
{ *Le maître* me *donnera un livre ;*
c'est à-dire, *donnera* à moi.
Le maître me *regarde ;* c'est-à-
dire, *regarde* moi.

PLURIEL.   Nous.

Pronom de la seconde personne.

Il est des deux genres : masculin, si c'est
à un homme qu'on parle ; féminin, si c'est
a une femme.

EXEMPLES.

SINGULIER.   Tu *ou* toi.

Te *pour* à toi, toi.
{ *Le maître* te *donnera un livre ;*
c'est à-dire, *donnera* à toi.
Le maître te *regarde;* c'est-à-dire,
regarde toi.

PLURIEL.   Vous.

Remarque. Par politesse on dit *vous* au
lieu de *tu* au singulier ; par exemple, en
parlant à un enfant : *vous* êtes bien aimable.

---

(1) Le mot *personne*, en grammaire, signifie *personnage* ou
rôle qu'on joue dans le discours, et comme on ne peut y jouer
que trois *rôles*, il n'y a que trois *personnes*.

Pronom de la troisième personne.

EXEMPLES.

SINGULIER. *Masculin*, Il. *Féminin*, Elle.

Lui pour à lui, à elle. { *Je* lui *dois le respect ;* c'est-à-dire, *je dois* à lui, à elle.

Masculin, Le. { *Je* le *connais ;* c'est-à-dire, *je* connais lui.

Féminin, La. { *Je* la *connais,* c'est-à-dire, *je* connais elle.

PLURIEL. *Masculin* Ils *ou* Eux. *Féminin*, Elles.

Leur pour à eux, { *Je* leur *dois le respect ;* c'est-à-dire, *je dois* à eux, à elles (1).

Les pour eux, elles. { *Je* les *connais ;* c'est-à-dire, *je connais* eux, elles.

Il y a encore un pronom de la troisième personne, *soi, se ;* il est des deux genres et des deux nombres : on l'appelle *pronom réfléchi,* parce qu'il marque le rapport d'une personne à elle-même.

EXEMPLES.

De Soi.

Se pour à soi, soi. { *Il se donne des louanges ;* c'est-à-dire, *il donne* à soi.

{ *Il se flatte ;* c'est-à-dire, *il flatte* soi.

Il y a deux mots qui servent de pronom ;

SAVOIR :

1°. *En,* qui signifie *de lui, d'elle, d'eux, d'elles :* ainsi quand on dit, *j'en parle,* on peut entendre, *je parle* de lui, d'elle, &c.

———

(1) Dans ce cas *leur* est le pluriel de *lui,* et ne prend alors jamais d's, puisque sa forme même est plurielle. L's serait un signe superflu.

selon la personne ou la chose dont le nom a été exprimé auparavant.

2°. *Y* qui signifie *à cette chose, à ces choses;* comme quand on dit, *je m'y applique*, c'est-à-dire *je m'applique* à cette chose, à ces choses.

Règle des Pronoms.

Les pronoms *il, elle, ils, elles,* doivent toujours être du même genre et du même nombre que le nom dont ils tiennent la place ; ainsi, en parlant de la tête, dites : elle *me fait mal; elle,* parce que ce pronom se rapporte à *tête,* qui est du féminin et au singulier; et en parlant de plusieurs jardins, dites : ils *sont beaux; ils,* parce que ce pronom se rapporte à *jardins,* qui est du masculin et au pluriel.

Pronoms adjectifs.

Il y a des pronoms adjectifs qui marquent la possession d'une chose, comme *mon* livre, *votre* cheval, *son* chapeau; c'est-à-dire, le livre *qui est à moi,* le cheval *qui est à vous,* le chapeau *qui est à lui* (1).

SINGULIER.		PLURIEL.
Masculin.	*Féminin.*	*Des deux genres.*
Mon.	Ma.	
Ton.	Ta.	Mes.
Son.	Sa.	Tes.
Des deux genres.		Ses.
Notre.		Nos.
Votre.		Vos.
Leur.		Leurs.

---

(1) On peut dire que ces mots sont pronoms adjectifs, par-

Première remarque. Ces pronoms sont toujours joints à un nom : *mon livre*, *ton chapeau.*

Deuxième remarque. Mon, ton, son, s'emploient au féminin devant une voyelle ou une *h* muette : on dit (*) *mon ame* pour *ma ame*, *ton humeur*, pour *ta humeur ; son épee* pour *sa épée.*

Autre Pronom (1).

SINGULIER.		PLURIEL.	
Masculin.	*Féminin.*	*Masculin.*	*Féminin.*
Le Mien.	La Mienne.	Les Miens.	Les Miennes.
Le Tien.	La Tienne.	Les Tiens.	Les Tiennes.
Le Sien.	La Sienne.	Les Siens.	Les Siennes.
		Des deux genres.	
Le Nôtre.	La Nôtre.	Les Nôtres.	
Le Vôtre.	La Vôtre.	Les Vôtres.	
Le Leur.	La Leur.	Les Leurs.	

2°. Il y a des pronoms adjectifs qui servent à montrer la chose dont on parle, comme quand je dis : *ce* livre, *cette* table, je montre un *livre*, une *table.*

---

ce qu'ils jouent deux rôles, celui de pronom, *mon* livre, *le* livre *de* moi, etc. ; celui d'adjectif, parce qu'ils s'accordent avec le substantif suivant : *mon* livre, *ma* plume, *mes* livres.

(*) On dit de même, *viendra-t-il*, pour *viendra-il ?* si *l'on*, pour *si on* cette manière de s'exprimer n'est que pour rendre la prononciation plus douce.

(1) Ces mots sont des adjectifs employés substantivement ; on a dit, le livre *mien*, comme on dit encore un *mien* ami. Si l'on tient à les regarder comme *pronoms*, on peut leur donner le nom de *pronoms possessifs absolus*, par opposition aux précédents qui ne peuvent s'employer sans être suivis du substantif, et qu'on nommerait alors *pronoms possessifs relatifs.*

	SINGULIER		PLURIEL.
Masculin.	*Féminin.*	*Masculin.*	*Féminin.*
Ce, cet.	Cette.	Ces.	Ces.
Celui.	Celle.	Ceux.	Celles.
Celui-ci.	Celle-ci.	Ceux-ci.	Celles-ci.
Celui-là.	Celle-là.	Ceux-là.	Celles-là.
Ceci.			
Cela. (1).			

Remarque. On met *ce* devant les noms qui commencent par une consonne ou une *h* aspirée : *ce village, ce hameau* : on met *cet* devant une voyelle ou une *h* muette : *cet oiseau, cet homme.*

Celui ci, celle-ci, s'emploient pour montrer des choses qui sont proches : *celui-là, celle-là,* pour montrer des choses éloignées.

3°. Il y a des pronoms *relatifs,* c'est-à dire, qui ont rapport à un nom qui est devant, comme quand je dis : *Dieu* qui *a créé le monde, qui* se rapporte à *Dieu, le livre* que je *lis, que* se rapporte à *livre.* Le mot auquel *qui* ou *que* se rapporte s'appelle *antécédent.* Dans les deux exemples ci-dessus, *Dieu* est l'antécédent du pronom relatif *qui*, *livre* est l'antécédent du pronom relatif *que.*

Pronom relatif.

Qui.
Dont *ou* de qui. } *des deux genres et des deux nombres.*
Que.

---

(1) Dans *ce livre*, le mot *ce* n'est pas un pronom proprement dit, puisqu'il ne tient la place d'aucun nom, il en est de même de *cet, cette, ces* On pourrait appeler simplement ces mots *articles démonstratifs*; ils seraient alors dans la même classe que *le, la, les* : *le* livre, *ce* livre, *la* plume, *cette* plume, *les* livres, *ces* livres.

Règle du Qui *ou* Que *relatif.*

Qui , *que relatif* s'accorde avec son antecédent en *genre* , en *nombre* et en *personne* ; ainsi dans cet exemple : *l'enfant* qui *joue* , *qui* est du singulier et de la troisième personne , parce que *l'enfant* est du singulier et de la troisième personne ; il est du masculin , si c'est un petit garçon qui joue ; il est du féminin , si c'est une petite fille.

4°. Il y a des pronoms *interrogatifs : qui? que? quel ? quelle?* comme quand on dit : qui *a fait cela* ? que *vous dirai-je* ? *Qui* ou *que* est interrogatif, quand il n'a point d'antécédent, et qu'on peut le tourner par *quelle personne* ? ou *quelle chose* ? Dans les deux exemples ci dessus on peut dire : *quelle personne* a fait cela? *quelle chose* vous dirai-je?

Pronoms indéfinis, c'est-à-dire qui signifient d'une manière générale.

Il y a quatre sortes de pronoms *indéfinis :*

1°. Ceux qui ne se joignent jamais à un nom, comme : *on, quelqu'un, quelqu'une, quiconque, chacun, chacune, autrui , personne, rien.* Quand je dis : on *frappe à la porte*, quelqu'un *vous appelle* , je parle d'une personne, mais je ne désigne pas laquelle (1).

2°. Ceux qui sont toujours joints a un nom, comme *quelque, chaque, quelconque, cer-*

---

(1) Dans les mots classés comme pronoms indéfinis, ceux de cette première série sont les seuls qui soient réellement pronoms. Si l'on tient à donner aux autres le nom de pronoms, on les appellera *pronoms adjectifs indéfinis*

tain, certaine. Exemples : quelque *nouvelle*, certain *auteur.*

3°. Ceux qui sont tantôt joints à un nom, et tantôt seuls, comme *nul, nulle ; aucun, aucune ; l'un, l'autre ; même ; tel, telle ; plusieurs ; tout, toute.*

4°. Ceux qui sont suivis de *que*, comme *qui* que ce soit, *quoi* que ce soit, *quel, quelle que ;* par exemple : *quel* que soit votre mérite, *quelle* que soit votre fortune. *Quoi que ;* par exemple ; *quoi* que vous fassiez. *Quelque...* que ; par exemple : *quelques* richesses que vous ayez. *Tout...* que, *toute...* que ; par exemple : *tout* savant que vous êtes, la campagne *toute* belle qu'elle est.

CHAPITRE V.

CINQUIÈME ESPÈCE DE MOTS.

Le Verbe.

LE Verbe est un mot dont on se sert pour exprimer que l'on est, ou que l'on fait quelque chose : ainsi le mot *être, je suis,* est un verbe ; le mot *lire, je lis,* est un verbe.

On connaît un verbe en français quand on peut y ajouter ces pronoms, *je, tu, il, nous, vous, ils ;* comme je *lis,* tu *lis,* il *lit ;* nous *lisons,* vous *lisez,* ils *lisent.*

Les pronoms *je, nous,* marquent la première personne, c'est-à-dire, celle qui parle ; *tu, vous,* marquent la seconde personne, c'est-à-dire, celle à qui l'on parle ; *il, elle, ils*, *elles*, et tout nom placé devant un verbe, marquent la troisième personne, c'est-à-dire, celle de qui l'on parle.

Il y a dans les verbes deux nombres : le *singulier*, quand on parle d'une seule personne, comme *je lis*, *l'enfant dort*; le *pluriel*, quand on parle de plusieurs personnes, comme *nous lisons*, *les enfants dorment*.

Il y a trois temps : le *présent*, qui marque que la chose est ou se fait actuellement, comme *je lis*; le *passé* ou *prétérit*, qui marque que la chose a été faite, comme *j'ai lu*; le *futur*, qui marque que la chose sera ou se fera, comme *je lirai*.

On distingue plusieurs sortes de prétérits ou passés, savoir : un *imparfait*, *je lisais*; trois *parfaits*, *je lus*, *j'ai lu*, *j'eus lu*; et un *plus-que-parfait*, *j'avais lu*.

On distingue aussi deux futurs; le futur simple, *je lirai*; et le futur passé, *j'aurai lu*.

Il y a cinq modes ou manières de signifier dans les verbes français.

1°. *L'indicatif*, quand on affirme que la chose est, ou qu'elle a été, ou qu'elle sera.

2°. Le *conditionnel*, quand on dit qu'une chose serait, ou qu'elle aurait été moyennant une condition.

3°. *L'impératif*, quand on commande de la faire.

4°. Le *subjonctif*, quand on souhaite, ou qu'on doute qu'elle se fasse.

5°. *L'infinitif*, qui exprime l'action ou l'état en général, sans nombre ni personne, comme *lire*, *être*.

Réciter de suite les différents modes d'un verbe avec tous leurs temps, leurs nombres et leurs personnes, cela s'appelle *conjuguer*.

Il y a en français quatre conjugaisons différentes que l'on distingue par la terminaison de l'infinitif.

La première conjugaison a l'infinitif terminé en *er*, comme *aimer*.

La seconde a l'infinitif terminé en *ir*, comme *finir*.

La troisième a l'infinitif terminé en *oir*, comme *recevoir*.

La quatrième a l'infinitif terminé en *re*, comme *rendre*.

Il y a deux verbes que l'on nomme *auxiliaires*, parce qu'ils aident à conjuguer tous les autres; nous commencerons par ces deux verbes.

---

*V*ERBE *AUXILIAIRE* AVOIR.

INDICATIF.

PRÉSENT.

Sing. J'ai.
Tu as. (*)
Il *ou* elle a.

Plur. Nous avons.
Vous avez.
Ils *ou* elles ont.

IMPARFAIT.

J'avais.
Tu avais.
Il avait.
Nous avions.
Vous aviez.
Ils *ou* elles avaient.

PRÉTÉRIT DÉFINI. (**)

J'eus.
Tu eus.
Il eut.
Nous eûmes.
Vous eûtes.
Ils eurent.

(*) Toutes les secondes personnes du singulier ont une *s* à la fin.

(**) On appelle prétérit *défini* celui qui marque un temps entièrement passé. Exemple : *j'eus hier la fièvre.* On appelle

PRÉTÉRIT-INDÉFINI.

J'ai eu.
Tu as eu.
Il a eu.
Nous avons eu.
Vous avez eu.
Ils ont eu.

PRÉTÉRIT ANTÉRIEUR.

J'eus eu.
Tu eus eu.
Il eut eu.
Nous cûmes eu.
Vous eûtes eu.
Ils eurent eu.

PLUS-QUE-PARFAIT.

J'avais eu.
Tu avais eu.
Il avait eu.
Nous avions eu.
Vous aviez eu.
Il avaient eu.

FUTUR.

J'aurai.
Tu auras.
Il aura.
Nous aurons.
Vous aurez.
Ils auront.

FUTUR PASSÉ.

J'aurai eu.
Tu auras eu.
Il aura eu.
Nous aurons eu.
Vous aurez eu.
Ils auront eu.

CONDITIONNEL.

PRÉSENT.

J'aurais.
Tu aurais.
Il aurait.
Nous aurions.
Vous auriez.
Is auraient.

PASSÉ.

J'aurais eu.
Tu aurais eu.
Il aurait eu.
Nous aurions eu.
Vous auriez eu.
Ils avraient eu.

On dit aussi : *j'eusse eu, tu eusses eu, il eût eu, nous eussions eu, vous eussiez eu, ils eussent eu.*

IMPÉRATIF.

Point de Ire personne.

Aie.
Qu'il ait.
Ayons.
Ayez.
Qu'ils aient.

SUBJONCTIF.

PRÉSENT OU FUTUR.

Que j'aie.
Que tu aies.
Qu'il ait.
Que nous ayons.
Que vous ayez.
Qu'ils aient.

---

prétérit *indéfini*, celui qui marque un temps dont il peut rester encore quelque partie à s'écouler. Exemple : *j'ai eu la fièvre aujourd'hui.* On appelle prétérit *antérieur*, celui qui marque une chose faite avant une autre. Exemple : *dès que nous e mes vu la fête, nous part mes.*

IMPARFAIT.

Que j'eusse.
Que tu eusses.
Qu'il eût.
Que nous eussions.
Que vous eussiez.
Qu'ils eussent.

PRÉTÉRIT.

Que j'aie eu.
Que tu aies eu.
Qu'il ait eu.
Que nous ayons eu.
Que vous ayez eu.
Qu'ils aient eu.

PLUS-QUE-PARFAIT.

Que j'eusse eu.
Que tu eusses eu.

Qu'il eût eu.
Que nous eussions eu.
Que vous eussiez eu.
Qu'ils eussent eu.

INFINITIF

PRÉSENT.

Avoir.

PRÉTÉRIT.

Avoir eu.

PARTICIPE.

PRÉSENT.

Ayant.

PASSÉ.

Eu, eue, ayant eu.

FUTUR.

Devant avoir.

VERBE AUXILIAIRE ÊTRE.

INDICATIF.

PRÉSENT.

Je suis.
Tu es.
Il *ou* elle est.
Nous sommes.
Vous êtes.
Ils *ou* elles sont.

IMPARFAIT.

J'étais.
Tu étais.
Il *ou* elle était.
Nous étions.
Vous étiez.
Ils *ou* elles étaient.

PRÉTÉRIT DÉFINI.

Je fus.
Tu fus

Il fut.
Nous fûmes.
Vous fûtes.
Ils furent.

PRÉTÉRIT INDÉFINI.

J'ai été.
Tu as été.
Il a été.
Nous avons été.
Vous avez été.
Ils ont été.

PRÉTÉRIT ANTÉRIEUR.

J'eus été.
Tu eus été.
Il eut été.
Nous eûmes été.
Vous eûtes été.
Ils eurent été.

PLUS-QUE-PARFAIT.

J'avais été.
Tu avais été.
Il avait été.
Nous avions été.
Vous aviez été.
Ils avaient été.

FUTUR.

Je serai.
Tu seras.
Il sera.
Nous serons,
Vous serez.
Ils seront.

FUTUR PASSÉ.

J'aurai été.
Tu auras été.
Il aura été.
Nous aurons été.
Vous aurez été.
Ils auront été.

CONDITIONNEL.

PRÉSENT.

Je serais.
Tu serais.
Il serait.
Nous serions.
Vous seriez.
Ils seraient.

PASSÉ.

J'aurais été.
Tu aurais été.
Il aurait été.
Nous aurions été.
Vous auriez été.
Ils auraient été.

On dit aussi : *j'eusse été,
tu eusses été, il eût été,
nous eussions été, vous
eussiez été, ils cussent été.*

IMPÉRATIF.

*Point de I*ere *personne.*
Sois.
Qu'il soit.
Soyons.
Soyez.
Qu'ils soient.

SUBJONCTIF.

PRÉSENT.

Que je sois.
Que tu sois.
Qu'il soit.
Que nous soyons.
Que vous soyez.
Qu'ils soient.

IMPARFAIT.

Que je fusse.
Que tu fusses.
Qu'il fût.
Que nous fussions.
Que vous fussiez.
Qu'ils fussent.

PRÉTÉRIT.

Que j'aie été.
Que tu aies été.
Qu'il ait été.
Que nous ayons été.
Que vous ayez été.
Qu'ils aient été.

PLUSQUE-PARFAIT.

Que j'eusse été.
Que tu eusses été.
Qu'il eût été.
Que nous eussions été.
Que vous eussiez été.
Qu'ils eussent été.

INFINITIF.

PRÉSENT.

Être.

PRÉTÉRIT.	PASSÉ.
Avoir été.	Été, ayant été.
PARTICIPES.	FUTUR.
PRÉSENT.	Devant être.
Étant.	

PREMIÈRE CONJUGAISON,

en ER.

INDICATIF.

PRÉSENT.

J'aim*e*.
Tu aim*es*.
Il *ou* elle aim*e*.
Nous aim*ons*.
Vous aim *ez*.
Ils *ou* elles aim *ent*.

IMPARFAIT.

J'aim*ais*.
Tu aim*ais*.
Il *ou* elle aim*ait*.
Nous aim*ions*.
Vous aim*iez*.
Ils *ou* elles aim*aient*.

PRÉTÉRIT DÉFINI.

J'aim*ai*.
Tu aim*as*.
Il aim*a*.
Nous aim*âmes*.
Vous aim*âtes*.
Ils aim*èrent*.

PRÉTÉRIT INDÉFINI.

J'ai aimé.
Tu as aimé.
Il a aimé.

Nous avons aimé.
Vous avez aimé.
Ils ont aimé.

PRÉTÉRIT ANTÉRIEUR

J'eus aimé.
Tu eus aimé.
Il eut aimé.
Nous eûmes aimé.
Vous eûtes aimé.
Ils eurent aimé. (*)

PLUSQUE-PARFAIT.

J'avais aimé.
Tu avais aimé.
Il avait aimé.
Nous avions aimé.
Vous aviez aimé.
Ils avaient aimé.

FUTUR.

J'aimer*ai*.
Tu aimer*as*.
Il aimer*a*.
Nous aimer*ons*.
Vous aimer *ez*.
Ils aimer*ont*.

(*) Il y a un quatrième prétérit, dont on se sert rarement. Le voici : J'ai eu aimé, tu as eu aimé, il a eu aimé, nous avons eu aimé, vous avez eu aimé, ils ont eu aimé.

FUTUR PASSÉ.

J'aurai aimé.
Tu auras aimé.
Il aura aimé.
Nous aurons aimé.
Vous aurez aimé.
I's auront aimé.

CONDITIONNEL.

PRÉSENT.

J'aimer*ais*.
Tu aimer*ais*.
Il aimer*ait*.
Nous aimer*ions*.
Vous aimer*iez*.
Ils aimer*aient*.

PASSE.

J'aurais aimé.
Tu aurais aimé.
Il aurait aimé.
Nous aurions aimé.
Vous auriez aimé.
Ils auraient aimé.

On dit aussi ; *j'eusse aimé, tu eusses aimé, il eût aimé, nous eussions aimé, vous eussiez aimé, ils eussent aimé.*

IMPÉRATIF.

*Point de I*re *personne.*

Aime.
Qu'il aime.
Aim*ons*.
Aim*ez*.
Qu'ils aim*ent*.

SUBJONCTIF.

PRÉSENT OU FUTUR.

Que j'aim*e*.

Que tu aim*es*.
Qu'il aim*e*.
Que nous aim*ions*.
Que vous aim*iez*.
Qu'ils aim*ent*.

IMPARFAIT.

Que j'aim*asse*.
Que tu aim*asses*.
Qu'il aim*ât*.
Que nous aim*assions*.
Que vous aim*assiez*.
Qu'ils aim*assent*.

PRÉTÉRIT.

Que j'aie aimé.
Que tu aies aimé.
Qu'il ait aimé.
Que nous ayons aimé.
Que vous ayez aimé.
Qu'ils aient aimé.

PLUSQUE-PARFAIT.

Que j'eusse aimé.
Que tu eusses aimé.
Qu'il eût aimé.
Que nous eussions aimé.
Que vous eussiez aimé.
Qu'ils eussent aimé.

INFINITIF.

PRÉSENT.

Aimer.

PASSÉ.

Avoir aimé.

PARTICIPES.

PRÉSENT.

Aim*ant*.

PASSÉ.

Aimé, aimée, ayant aimé.

FUTUR.

Devant aimer.

Ainsi se conjuguent les verbes *chanter,*

danser, *manger*, *appeler*, et tous ceux dont l'infinitif se termine en *er* (1).

SECONDE CONJUGAISON,

en IR.

INDICATIF.

PRÉSENT.

Je finis.
Tu finis.
Il finit.
Nous finissons.
Vous finissez.
Ils finissent.

IMPARFAIT.

Je finissais.
Tu finissais.
Il finissait.
Nous finissions.
Vous finissiez.
Ils finissaient.

PRÉTÉRIT DÉFINI.

Je finis.
Tu finis.
Il finit.
Nous finîmes.
Vous finîtes.
Ils finirent.

PRÉTÉRIT INDÉFINI.

J'ai fini.
Tu as fini.
Il a fini.
Nous avons fini.
Vous avez fini.
Ils ont fini.

PRÉTÉRIT ANTÉRIEUR.

J'eus fini.
Tu eus fini.
Il eut fini.
Nous eûmes fini.
Vous eûtes fini.
Ils eurent fini (*).

PLUSQUE-PARFAIT.

J'avais fini.
Tu avais fini.
Il avait fini.
Nous avions fini.
Vous aviez fini.
Ils avaient fini.

---

(1) Les verbes en *eler*, comme *appeler*, en *eter*, comme *jeter*, doublent l'*l* et le *t* avant un *e* muet : *j'appelle*, *tu jettes*, *il épelle*, *ils achettent*, *je cachetterai*, etc.

Les verbes en *ger*, comme *manger*, et en *cer*, comme *forcer*, prennent, les premiers, un *e* muet ; les seconds un *ç* avant *a* et *o*.

Les verbes en *yer* changent généralement l'*y* en *i* avant un *e* muet, *je ploie*, *ils noient*, *j'appuierai*, etc.

(*) Il y a un quatrième prétérit, mais on s'en sert rarement. Le voici : J'ai eu fini, tu as eu fini, il a eu fini, nous avons eu fini, vous avez eu fini, ils ont eu fini.

FUTUR.

Je finir*ai*.
Tu finir*as*.
Il fini *a*.
Nous finir*ons*.
Vous finir*ez*.
Ils finir*ont*.

FUTUR PASSÉ.

J'aurai fini.
Tu auras fini.
Il aura fini.
Nous aurons fini.
Vous aurez fini.
Ils auront fini.

CONDITIONNEL.

PRÉSENT.

Je finir*ais*.
Tu finir*ais*.
Il finir*ait*.
Nous finir*ions*.
Vous finir*iez*.
Ils finir*aient*.

PASSÉ.

J'aurais fini.
Tu aurais fini.
Il aurait fini.
Nous aurions fini.
Vous auriez fini.
Ils auraient fini.

On dit aussi : *j'eusse fini, tu eusses fini, il eût fini, nous eussions fini, vous eussiez fini, ils eussent fini.*

IMPERATIF.

Point de Ire personne.
Fini*s*.
Qu'il finis *e*.
Finissons.

Finis*ez*.
Qu'ils finiss*ent*.

SUBJONCTIF.

PRÉSENT OU FUTUR.

Que je finiss*e*.
Que tu finiss*es*.
Qu'il finiss*e*.
Que nous finiss*ions*.
Que vous finiss*iez*.
Qu'ils finiss*ent*.

IMPARFAIT.

Que je fini*sse*.
Que tu fini*sses*.
Qu'il fin*ît*.
Que nous fini*ssions*.
Que vous fini*ssiez*.
Qu'ils fin*issent*.

PRÉTÉRIT.

Que j'aie fini.
Que tu aies fini.
Qu'il ait fini.
Que nous ayons fini.
Que vous ayez fini.
Qu'ils aient fini.

PLUSQUE-PARFAIT.

Que j'eusse fini.
Que tu eusses fini.
Qu'il eût fini.
Que nous eussions fini.
Que vous eussiez fini.
Qu'ils eussent fini.

INFINITIF.

PRÉSENT.

Finir.

PRÉTÉRIT.

Avoir fini.

PARTICIPES.

PRÉSENT.

Finiss*ant*.

PASSÉ.	FUTUR.
Fini, finie, ayant fini.	Devant finir.

Ainsi se conjuguent *avertir*, *guérir*, *ensevelir*, *bénir*; mais ce dernier a deux participes; *bénit*, *bénite*, pour les choses consacrées par les prières des prêtres; *béni*, *bénie*, partout ailleurs. *Haïr*; mais ce verbe fait au présent de l'indicatif, je *hais*, tu *hais*, il *hait*; on prononce, je *hès*, tu *hès*, il *hèt*.

TROISIÈME CONJUGAISON,

en OIR.

INDICATIF.	PRÉTÉRIT INDÉFINI.
PRÉSENT.	J'ai reçu.
Je reçois.	Tu as reçu.
Tu reçois.	Il a reçu.
Il reçoit.	Nous avons reçu.
Nous recevons.	Vous avez reçu.
Vous recevez.	Ils ont reçu.
Ils reçoivent.	PRÉTÉRIT ANTÉRIEUR.
IMPARFAIT.	J'eus reçu.
Je recevais.	Tu eus reçu.
Tu recevais.	Il eut reçu.
Il recevait.	Nous eûmes reçu.
Nous recevions.	Vous eûtes reçu.
Vous receviez.	Ils eurent reçu. (*)
Ils recevaient.	PLUSQUE-PARFAIT.
PRÉTÉRIT DÉFINI.	J'avais reçu.
Je reçus.	Tu avais reçu.
Tu reçus.	Il avait reçu.
Il reçut.	Nous avions reçu.
Nous reçûmes.	Vous aviez reçu.
Vous reçûtes.	Ils avaient reçu.
Ils reçurent.	

(*) Il y a un quatrième prétérit, mais on s'en sert rarement. Le voici: J'ai eu reçu, tu as eu reçu, il a eu reçu, nous avons eu reçu, vous avez eu reçu, ils ont eu reçu.

FUTUR.

Je recevrai.
Tu recevras.
Il recevra.
Nous recevrons.
Vous recevrez.
Ils recevront.

FUTUR PASSÉ.

J'aurai reçu.
Tu auras reçu.
Il aura reçu.
Nous aurons reçu.
Vous aurez reçu.
Ils auront reçu.

CONDITIONNEL.

PRÉSENT.

Je recevrais.
Tu recevrais.
Il recevrait.
Nous recevrions.
Vous recevriez.
Ils recevraient.

PASSÉ.

J'aurais reçu.
Tu aurais reçu.
Il aurait reçu.
Nous aurions reçu.
Vous auriez reçu.
Ils auraient reçu.

On dit aussi : *j'eusse reçu, tu eusses reçu, il eût reçu, nous eussions reçu, vous eussiez reçu, ils eussent reçu.*

IMPÉRATIF.

Point de 1re personne.
Reçois.
Qu'il reçoive.
Recevons.

Recevez.
Qu'ils reçoivent.

SUBJONCTIF.

PRÉSENT OU FUTUR.

Que je reçoive.
Que tu reçoives.
Qu'il reçoive.
Que nous recevions.
Que vous receviez.
Qu'ils reçoivent.

IMPARFAIT.

Que je reçusse.
Que tu reçusses.
Qu'il reçût.
Que nous reçussions.
Que vous reçussiez.
Qu'ils reçussent.

PRÉTÉRIT.

Que j'aie reçu.
Que tu aies reçu.
Qu'il ait reçu.
Que nous ayons reçu.
Que vous ayez reçu.
Qu'ils aient reçu.

PLUSQUE-PARFAIT.

Que j'eusse reçu.
Que tu eusses reçu.
Qu'il eût reçu.
Que nous eussions reçu.
Que vous eussiez reçu.
Qu'ils eussent reçu.

INFINITIF.

PRÉSENT.

Recevoir.

PRÉTÉRIT.

Avoir reçu.

PARTICIPE.

PRÉSENT.

Recevant.

PASSÉ.	FUTUR.
Reçu, reçue, ayant reçu.	Devant recevoir.

Ainsi se conjuguent *apercevoir, concevoir, devoir, percevoir.*

QUATRIÈME CONJUGAISON,

en RE.

INDICATIF.

PRÉSENT.

Je rend*s*.
Tu rend*s*.
Il rend.
Nous rend*ons*.
Vous rend*ez*.
Ils rend*ent*.

IMPARFAIT.

Je rend*ais*.
Tu rend*ais*.
Il rend*ait*.
Nous rend*ions*.
Vous rend*iez*.
Ils rend*aient*.

PRÉTÉRIT DÉFINI.

Je rend*is*.
Tu rend*is*.
Il rend*it*.
Nous rend*îmes*.
Vous rend*îtes*.
Ils rend*irent*.

PRÉTÉRIT INDÉFINI.

J'ai rendu.
Tu as rendu.
Il a rendu.
Nous avons rendu.
Vous avez rendu.
Ils ont rendu.

PRÉTÉRIT ANTÉRIEUR.

J'eus rendu.
Tu eus rendu.
Il eut rendu.
Nous eûmes rendu.
Vous eûtes rendu.
Ils eurent rendu. (*)

PLUSQUE-PARFAIT.

J'avais rendu.
Tu avais rendu.
Il avait rendu.
Nous avions rendu.
Vous aviez rendu.
Ils avaient rendu.

FUTUR.

Je rend*rai*.
Tu rend*ras*.
Il rend*ra*.
Nous rend*rons*.
Vous rend*rez*.
Ils rend*ront*.

FUTUR PASSÉ.

J'aurai rendu.
Tu auras rendu.

(*) Il y a un quatrième prétérit, mais on s'en sert rarement.
Le voici : J'ai eu rendu, tu as eu rendu, il a eu rendu, nous
avons eu rendu, vous avez eu rendu, ils ont eu rendu.

Il aura rendu.
Nous aurons rendu.
Vous aurez rendu.
Ils auront rendu.

CONDITIONNEL.
PRÉSENT.

Je rend*ais*.
Tu rend*ais*.
Il rendr*ait*.
Nous rendr*ions*.
Vous rend*iez*.
Ils rendr*aient*.

PASSÉ.

J'aurais rendu.
Tu aurais rendu.
Il aurait rendu.
Nous aurions rendu.
Vous auriez rendu.
Ils auraient rendu.

On dit aussi : *j'eusse rendu, tu eusses rendu, il eût rendu, nous eussions rendu, vous eussiez rendu, ils eussent rendu.*

IMPÉRATIF.

Point de 1re personne.
Rend*s*. -
Qu'il rend*e*.
Rend*ons*.
Rend*ez*.
Qu'ils rend*ent*.

SUBJONCTIF.
PRÉSENT OU FUTUR.

Que je rend*e*.
Que tu rend*es*.
Qu'il rend*e*.

Que nous rend*ions*.
Que vous rend*iez*.
Qu'ils rend*ent*.

IMPARFAIT.

Que je rend*isse*.
Que tu rend*isses*.
Qu'il rend*ît*.
Que nous rend*issions*.
Que vous rend*issiez*.
Qu'ils rend*issent*.

PRÉTÉRIT.

Que j'aie rendu.
Que tu aies rendu.
Qu'il ait rendu.
Que nous ayons rendu.
Que vous ayez rendu.
Qu'ils aient rendu.

PLUSQUE-PARFAIT.

Que j'eusse rendu.
Que tu eusses rendu.
Qu'il eût rendu.
Que nous eussions rendu.
Que vous eussiez rendu.
Qu'ils eussent rendu.

INFINITIF.
PRÉSENT.

Rend*re*.

PRÉTÉRIT.

Avoir rendu.

PARTICIPES.
PRÉSENT.

Rend*ant*.

PASSÉ.

Rend*u*, rend*ue*, ayant rendu.

FUTUR.

Devant rend*re*.

Ainsi se conjuguent *attendre, entendre, suspendre, vendre*, &c.

Des Temps primitifs.

On appelle *temps primitifs* d'un verbe, ceux qui servent à former les autres temps dans les quatre conjugaisons.

TABLEAU DES TEMPS PRIMITIFS.

	Présent de l'infinitif.	Participe présent.	Participe passé.	Présent de l'indicatif.	Prétérit de l'indicatif.
PREMIÈRE CONJUGAISON.	Aimer.	Aimant.	Aimé.	J'aime.	J'aimai.
SECONDE CONJUGAISON.	Finir. Sentir. Ouvrir. Tenir.	Finissant. Sentant. Ouvrant. Tenant.	Fini. Senti. Ouvert. Tenu.	Je finis. Je sens. J'ouvre. Je tiens.	Je finis. Je sentis. J'ouvris. Je tins.
TROISIÈME CONJUGAISON.	Recevoir.	Recevant.	Reçu.	Je reçois.	Je reçus.
QUATRIÈME CONJUGAISON.	Rendre. Plaire. Paraître. Réduire. Plaindre.	Rendant. Plaisant. Paraissant. Réduisant. Plaignant.	Rendu. Plu. Paru. Réduit. Plaint.	Je rends. Je plais. Je parais. Je réduis. Je plains.	Je rendis. Je plus. Je parus. Je réduisis. Je plaignis.

I. Du présent de l'indicatif se forme l'impératif, en ôtant seulement le pronom *je*; exemples: *j'aime*, impératif *aime*; *je finis*, imp. *finis*; *je reçois*, imp. *reçois*; *je rends*, imp. *rends*.

Excepté quatre verbes: *je suis*, impératif, *sois*; *j'ai*, imp. *aie*; *je vais*, imp. *va*; *je sais*, imp. *sache* (1).

II. Du prétérit de l'indicatif se forme l'imparfait du subjonctif, en changeant *ai* en *asse* pour la première conjugaison: *j'aimai*, imparfait du subjonctif *que j'aimasse*; et en ajoutant seulement *se* pour les trois autres conjugaisons: *je finis*, *je finisse*; *je reçus*, *je reçusse*; *je rendis*, *je rendisse*.

III. Du présent de l'infinitif on forme:

1°. Le futur de l'indicatif, en changeant *r* ou *re* en *rai*; exemples: *aimer*, *j'aimerai*; *finir*, *je finirai*; *rendre*, *je rendrai*.

EXCEPTIONS. Première conjugaison. *Aller*, futur, *j'irai*; *envoyer*, *j'enverrai*.

Seconde conjugaison. *Tenir*, futur, *je tiendrai*; *venir*, *je viendrai*; *courir*, *je courrai*; *cueillir*, *je cueillerai*; *mourir*, *je mourrai*; *acquérir*, *j'acquerrai*.

Troisième conjugaison. *Recevoir*, futur, *je recevrai*; *avoir*, *j'aurai*; *échoir*, *j'écherrai*; *pouvoir*, *je pourrai*; *savoir*, *je saurai*; *s'asseoir*, *je m'asseyerai* (1); *voir*, *je verrai*; *vouloir*, *je voudrai*; *valoir*, *je vaudrai*; *falloir*, *il faudra*; *pleuvoir*, *il pleuvra*.

____

(1) *Va* prends dans sa -j. Je veu... faut *veuille*, *veuillez*.
(2) On j. n. a ...

Quatrième conjugaison. *Faire*, futur, *je ferai; être, je serai.*

2°. Du futur de l'indicatif on forme le conditionnel présent, en changeant *rai* en *rais* sans exception : *j'aimerai*, conditionnel, *j'aimerais; je finirai, je finirais; je recevrai, je recevrais; je rendrai, je rendrais.*

IV. Du participe présent on forme :

1°. L'imparfait de l'indicatif, en changeant *ant* en *ais* : *aimant*, imparfait, *j'aimais; finissant, je finissais; recevant, je recevais: rendant, je rendais.*

Exceptions. Il n'y a que deux exceptions : *ayant, j'avais; sachant, je savais.*

2°. Du même participe on forme la première personne plurielle du présent de l'indicatif, en changeant *ant* en *ons* : *aimant, nous aimons; finissant, nous finissons; recevant, nous recevons; rendant, nous rendons.*

Excepté : *étant, nous sommes; ayant, nous avons; sachant, nous savons.*

On forme aussi la seconde personne plurielle en *ez* : *vous aimez, vous finissez, vous recevez, vous rendez.*

Excepté : *faisant, vous faites; disant, vous dites* (1).

Et la troisième personne en *ent* : *ils aiment, ils finissent*, etc.

3°. Du même participe présent on forme

---

(1) De tous les composés de *dire*, il n'y a que le verbe *redire* qui se conjugue de même, vous *redites*; les autres remplacent *es* par *sez*, vous *prédisez*, vous *médisez*, etc.

le présent du subjonctif, en changeant *ant* en *e* muet : *aimant, que j'aime ; finissant, que je finisse ; rendant, que je rende.*

EXCEPTIONS. Première conjugaison. *Allant, que j'aille* (1).

Seconde conjugaison. *Tenant, que je tienne* (2); *venant, que je vienne* (3); *acquérant, que j'acquière* (4).

Troisième conjugaison. *Recevant, que je reçoive* (5); *pouvant, que je puisse; valant, que je vaille* (6); *voulant, que je veuille* (*); *mouvant, que je meuve* (7); *faillant, qu'il faille* (8).

Quatrième conjugaison. *Buvant, que je boive* (9), *faisant, que je fasse ; étant, que je sois.*

V. Du participe passé on forme tous les temps composés (de deux mots), en y joignant les temps des verbes auxiliaires *avoir, être* ; comme *j'ai aimé, j'ai fini, j'ai reçu, j'ai rendu ; j'avais aimé, j'avais fini, j'avais reçu, j'avais rendu ; j'aurai aimé,*

---

(1) que nous *allions*, que vous *alliez*.

(2) que nous *tenions*, que vous *teniez*.

(3) que nous *venions*, que vous *veniez*.

(4) que nous *acquérions*, que vous *acquériez*.

(5) que nous *recevions*, que vous *receviez*, et de même des verbes en *evoir*.

(6) que nous *valions*, que vous *valiez*. *Prévaloir* fait que je *prévale*.

(7) que nous *mourions*, que vous *mouviez*.

(8) *Faillant* n'est usité que comme adjectif, dans jouer à coup *faillant*.

(9) que nous *buvions*, que vous *buviez*.

(*) *Que tu veuilles, qu'il veuille, que nous voulions, que vous vouliez, qu'ils veuillent.*

j'aurai fini, j'aurai reçu, j'aurai rendu, que j'eusse aimé, que j'eusse fini, que j'eusse reçu, que j'eusse rendu, &c.

VERBES IRRÉGULIERS.

On appelle *irréguliers* les verbes que ne suivent pas toujours la règle générale des conjugaisons.

Plusieurs de ces verbes ne sont pas usités à certains temps et a certaines personnes.

TEMPS PRIMITIFS *

DES

VERBES IRRÉGULIERS.

Présent de l'infinitif.	Participe présent	Participe passé.	Présent de l'indicatif	Prétérit de l'indicatif
PREMIÈRE CONJUGAISON.				
aller	allant	allé	je vais (1)	j'allai
puer	puant	pué	je pue (2)	je puai
SECONDE CONJUGAISON.				
courir	courant	couru	je cours	je courus
cueillir	cueillant	cueilli	je cueille	je cueillis
fuir	fuyant	fui	je fuis	je fuis
mourir	mourant	mort	je meurs	je mourus
faillir	faillant	failli	je faux	je faillis
acquérir	acquérant	acquis	j'acquiers	j'acquis
saillir	saillant (3)	sailli	je saille	je saillis
tressaillir	tressaillant	tressailli	je tressaille	je tressaillis
vêtir	vêtant	vêtu	je vêts	je vêtis
revêtir	revêtant	revêtu	je revêts	je revêtis (4)

* Voyez page 40 pour les notes sur les Verbes irréguliers.

Présent de l'infinitif.	Participe présent.	Participe passé.	Présens de l'indicatif.	Prétérit de l'indicatif.
TROISIÈME CONJUGAISON.				
choir				
déchoir	. . . . . .	déchu	je déchois	je déchus
échoir	échéant	échu	il échet	j'échus
falloir	. . . . . .	fallu	il faut	il fallut
mouvoir	mouvant	mu	je meus	je mus
pleuvoir	pleuvant	plu	il pleut	il plut
pouvoir	pouvant	pu	je puis (5)	je pus
savoir	sachant	su	je sais	je sus
s'asseoir (6)	s'asseyant	assis	je m'assieds	je m'assis
surseoir	. . . . . .	sursis	je surseois	je sursis
valoir	valant	valu	je vaux	je valus
voir	voyant	vu	je vois	je vis
pourvoir	pourvoyant	pourvu	je pourvois	je pourvus
vouloir	voulant	voulu	je veux	je voulus
QUATRIÈME CONJUGAISON.				
battre	battant	battu	je bats	je battis
boire	buvant	bu	je bois	je bus
braire		. . . . . .	il brait	. . . . . .
bruire	bruyant	. . . . . .		
circoncire	. . . . . .	circoncis	je circoncis	je circoncis
clore (7)	. . . . . .	clos	je clos	
conclure	concluant	conclu	je conclus	je conclus
confire (8)	. . . . . .	confit	je confis	je confis
coudre	cousant	cousu	je couds	je cousis
croire	croyant	cru	je crois	je crus
dire	disant	dit	je dis	je dis
maudire	maudissant	maudit	je maudis	je maudis
écrire	écrivant	écrit	j'écris	j'écrivis
exclure	excluant	exclus	j'exclus	j'exclus
faire	faisant	fait	je fais	je fis
prendre	prenant	pris	je prends	je pris
lire	lisant	lu	je lis	je lus
luire	luisant	lui	je luis	. . . . . .
mettre	mettant	mis	je mets	je mis
moudre	moulant	moulu	je mouds	je moulus
naître	naissant	né	je nais	je naquis
nuire	nuisant	nui	je nuis	je nuisis
rire	riant	ri	je ris	je ris
absoudre	absolvant	absous (9)	j'absous	. . . . . .
résoudre	résolvant	{ résous / résolu	je résous	je résolus
suffire	suffisant	suffi	je suffis	je suffis
suivre	suivant	suivi	je suis	je suivis

Présent de l'infinitif.	Participe présent.	Participe passé.	Présent de l'indicatif.	Prétérit de l'indicatif.

SUITE DE LA QUATRIÈME CONJUGAISON.

traire	trayant	trait	je trais	. . . . .
vaincre	vainquant	vaincu	je vaincs *	je vainquis
vivre	vivant	vécu	je vis	je vécus (10)

Nous ne marquons pas les verbes *composés*, parce qu'ils suivent la conjugaison de leurs *simples*; par exemple, les composés *promettre*, *admettre*, etc. se conjuguent comme ce verbe simple *mettre*.

NOTES ADDITIONNELLES.

(1) Tu *vas*, il *va*, ils *vont*.

(2) Ce dernier verbe est maintenant régulier.

(3) Dans le sens de *s'avancer en dehors*, ce verbe est régulier.

(4) A ces verbes, il faut ajouter :

Tenir, tenant, tenu, je tiens, je tins;

venir, venant, venu, je viens, je vins;

bouillir, bouillant, bouilli, je bous, je bouillis;

ouvrir, ouvrant, ouvert, j'ouvre, j'ouvris;

couvrir, couvrant, couvert, je couvre. je couvris;

mentir, mentant, menti, je mens, je mentis.

Il en est ainsi des verbes *sentir*, se *repentir*, *sortir*, *partir*, *sortir*, *dormir*.

(5) Ou je *peux*.

6 *Seoir*, dans le sens d'être convenable, fait *seyant*, il *sied*, ils *siéent*, il *séyait*, il *siéra*, il *siérait*, qu'il *sied*.

(7) Il *clôt*.

8) On dit confisant.

(9) Fém. *absoute*.

* Le présent et l'imparfait de ce verbe sont de peu d'usage.

(10) A ces verbes il faut ajouter :

Croître, croissant, crû, je crois, je crûs, il croît.

Feindre, feignant, feint, je feins, je feignis.

Il en est ainsi des autres verbes en *indre*.

Paître, paissant, pu, il paît . . . . .

repaître, fait je *repus*.

taire, taisant, tu, je tais, je tus.

Au moyen de cette table, et des règles

que nous avons données sur la formation des temps, il n'y a point de verbe qu'òn ne puisse conjuguer.

Accord des Verbes avec leur nominatif ou sujet.

On appelle *sujet* ou *nominatif* d'un verbe ce qui est ou ce qui fait la chose qu'exprime le verbe. On trouve le nominatif en mettant *qui est-ce qui ?* devant le verbe. La réponse à cette question indique le *nominatif.* Quand je dis *l'enfant est sage ; qui est-ce qui est sage ?* réponse, *l'enfant :* voilà le nominatif ou sujet du verbe *est. Le lièvre court ; qui est-ce qui court ?* réponse, *le lièvre :* voilà le nominatif du verbe court.

RÈGLE.

Tout verbe doit être du même nombre et de la même personne que son nominatif ou sujet.

EXEMPLE. *Je parle : parle* est du nombre singulier et de la première personne, parce que *je,* son nominatif, est du singulier et de la première personne. *Vous parlez tous deux : parlez* est au nombre pluriel, et de la seconde personne, parce que *vous* est au nombre pluriel et de la seconde personne.

Première remarque. Quand un verbe a deux sujets singuliers, on met ce verbe au pluriel.

EXEMPLE. *Mon frère et ma sœur* lisent (1).

Deuxième remarque. Quand les deux sujets

---

(1) Si les sujets sont liés par une autre conjonction que *et,* le verbe s'accorde avec le premier. L'homme, *ainsi que* la vigne, a besoin de support. Le menteur, *comme* le voleur, est lui.

sont de différentes personnes, on met le verbe à la plus noble personne : la première est plus noble que la seconde, la seconde est plus noble que la troisième.

EXEMPLES. *Vous et moi* nous lisons.

Vous et votre frère vous lisez.

(La politesse française veut qu'on nomme d'abord la personne à qui l'on parle, et qu'on se nomme le dernier.)

RÉGIME DES VERBES ACTIFS.

On appelle verbe *actif* celui après lequel on peut mettre *quelqu'un, quelque chose. Aimer* est un verbe actif, parce qu'on peut dire, *aimer quelqu'un.* Par exemple, *j'aime Dieu* ; ce mot, qui suit le verbe actif, s'appelle le *régime* de ce verbe. On connaît le régime en faisant la question *qu'est-ce que*? Exemple : *Qu'est-ce que j'aime*? Réponse, *Dieu. Dieu* est le régime du verbe *j'aime.*

RÈGLE.

Le régime d'un verbe actif se place ordinairement après le verbe (quand ce n'est pas un pronom).

EXEMPLES. *J'aime Dieu.*

Le chat mange la souris ; la souris est le régime du verbe *manger.*

Mais quand le régime est un pronom, il se met devant le verbe.

EXEMPLE. Je vous *aime*, pour *j'aime* vous ; *il* m'*aime*, pour *il aime* moi (1).

____

(1) Quand le verbe est à l'impératif sans négation, on place le pronom après, donne-*le*, choisissez-*les*, parlez-*leur*.

Remarque. Outre ce premier régime, qu'on appelle *direct*, certains verbes actifs peuvent avoir un second régime, qu'on appelle *indirect :* ce second régime se marque par les mots *à* ou *de :* comme *donner une image à l'enfant ; enseigner la grammaire à l'enfant ; écrire une lettre à son ami :* à *l'enfant*, est le régime indirect des verbes *donner, enseigner ; à son ami* est le régime indirect du verbe *écrire. Accuser quelqu'un de mensonge ; avertir quelqu'un d'une faute ; délivrer quelqu'un du danger :* de *mensonge*, est le régime indirect du verbe *accuser*, &c.

Tout verbe actif a un passif : ce passif se forme en prenant le régime *direct* de l'actif, pour en faire le nominatif du verbe passif, et en ajoutant après le verbe le mot *par* ou *de.* Ainsi, pour tourner par le passif cette phrase, *le chat mange la souris*, dites : *la souris est mangée* par *le chat ; j'aime mon père tendrement*, dites : *mon père est tendrement aimé* de *moi* (1).

CONJUGAISON DES VERBES PASSIFS.

Il n'y a qu'une seule conjugaison pour tous les verbes passifs ; elle se fait avec l'auxiliaire *être* dans tous ses temps, et le participe passé du verbe qu'on veut conjuguer.

<table>
<tr><td>INDICATIF.
PRÉSENT.
Je suis aimé, ou aimée.
Tu es aimé, ou aimée.</td><td>Il est aimé, ou elle est aimée
Nous sommes aimés, ou aimées.
Vous êtes aimés, ou aimées
Ils sont aimés, ou elles sont aimées.</td></tr>
</table>

---

(1) Le verbe *avoir*, qui est actif, ne s'emploie pas au passif.

IMPARFAIT.

J'étais aimé, *ou* aimée.
Tu étais aimé, *ou* aimée.
Il était aimé, *ou* elle était aimée.
Nous étions aimés, *ou* aimées.
Vous étiez aimés, *ou* aimées.
Ils étaient aimés, *ou* elles étaient
aimées.

PRÉTÉRIT DÉFINI.

Je fus aimé, *ou* aimée.
Tu fus aimé, *ou* aimée.
Il fut aimé, *ou* elle fut aimée.
Nous fûmes aimés, *ou* aimées.
Vous fûtes aimés, *ou* aimées.
Ils furent aimés, *ou* elles furent
aimées.

PRÉTÉRIT INDÉFINI.

J'ai été aimé, *ou* aimée.
Tu as été aimé, *ou* aimée.
Il a été aimé, *ou* elle a été aimée.
Nous avons été aimés *ou* aimées.
Vous avez été aimés *ou* aimées.
Ils ont été aimés, *ou* elles ont été
aimées.

PRÉTÉRIT ANTÉRIEUR.

J'eus été aimé, *ou* aimée.
Tu eus été aimé, *ou* aimée.
Il eut été aimé, *ou* elle eut été
aimée.
Nous eûmes été aimés, *ou* aimées.
Vous eûtes été aimés, *ou* aimées.
Ils eurent été aimés, *ou* elles
eurent été aimées.

PLUSQUE-PARFAIT.

J'avais été aimé, *ou* aimée.
Tu avais été aimé, *ou* aimée.
Il avait été aimé, *ou* elle avait été
aimée.
Nous avions été aimés, *ou* aimées.
Vous aviez été aimés, *ou* aimées.
Ils avaient été aimés, *ou* elles
avaient été aimées.

FUTUR.

Je serai aimé, *ou* aimée.
Tu seras aimé, *ou* aimée.
Il sera aimé, *ou* elle sera aimée.
Nous serons aimés, *ou* aimées.
Vous serez aimés, *ou* aimées.
Ils seront aimés, *ou* elles seront
aimées.

FUTUR PASSÉ.

J'aurai été aimé, *ou* aimée.
Tu auras été aimé, *ou* aimée.

Il aura été aimé, *ou* elle aura été
aimée.
Nous aurons été aimés, *ou* aimées.
Vous aurez été aimés, *ou* aimées.
Ils auront été aimés, *ou* elles au-
ront été aimées.

CONDITIONNEL.

PRÉSENT

Je serais aimé, *ou* aimée.
Tu serais aimé, *ou* aimée.
Il serait aimé, *ou* elle serait aimée.
Nous serions aimés, *ou* aimées.
Vous seriez aimés, *ou* aimées.
Ils seraient aimés, *ou* elles se-
raient aimées.

PASSÉ.

J'aurais été aimé, *ou* aimée.
Tu aurais été aimé, *ou* aimée.
Il aurait été aimé, *ou* elle aurait
été aimée.
Nous aurions été aimés, *ou* aimées
Vous auriez été aimés, *ou* aimées.
Ils auraient été aimés, *ou* elles au-
raient été aimées.

On dit aussi: *j'eusse été aimé*, ou
aimée; tu eusses été aimé, ou *aimée;
il eût été aimé*, ou *elle eût été aimée; nous eussions été aimés*, ou *aimées; vous eussiez été aimés*, ou *aimées, ils eussent été aimés*, ou *elles
eussent été aimées*.

IMPÉRATIF.

Point de première personne.

Sois aimé, *ou* aimée.
Qu'il soit aimé, *ou* qu'elle soit ai-
mée.
Soyons aimés, *ou* aimées.
Soyez aimés *ou* aimées.
Qu'ils soient aimés, *ou* qu'elles
soient aimées.

SUBJONCTIF.

PRÉSENT OU FUTUR.

Que je sois aimé, *ou* aimée.
Que tu sois aimé, *ou* aimée.
Qu'il soit aimé, *ou* qu'elle soit
aimée.
Que nous soyons aimés, *ou* aimées.
Que vous soyez aimés, *ou* aimées.
Qu'ils soient aimés, *ou* qu'elles
soient aimées.

IMPARFAIT.

Que je fusse aimé, *ou* aimée
Que tu fusses aimé, *ou* aimée.

Qu'il fût aimé *ou* qu'elle fût aimée.
Que nous fussions aimés, *ou* aimées.
Que vous fussiez aimés, *ou* aimées.
Qu'ils fussent aimés, *ou* qu'elles fussent aimées.

PRÉTÉRIT.

Que j'aie été aimé, *ou* aimée.
Que tu aies été aimé, *ou* aimée.
Qu'il ait été aimé, *ou* qu'elle ait été aimée.
Que nous ayons été aimés, *ou* aimées.
Que vous ayez été aimés *ou* aimées.
Qu'ils aient été aimés, *ou* qu'elles aient été aimées.

PLUSQUE-PARFAIT.

Que j'eusse été aimé, *ou* aimée.
Que tu eusses été aimé, *ou* aimée.
Qu'il eût été aimé, *ou* qu'elle eût été aimée.

Que nous eussions été aimés, *ou* aimées.
Que vous eussiez été aimés, *ou* aimées.
Qu'ils eussent été aimés, *ou* qu'elles eussent été aimées.

INFINITIF.

PRÉSENT.

Etre aimé, *ou* aimée.

PRÉTÉRIT.

Avoir été aimé, *ou* aimée.

PARTICIPES.

PRÉSENT.

Etant aimé, *ou* aimée.

PASSÉ.

Ayant été aimé, *ou* aimée.

FUTUR.

Devant être aimé, *ou* aimée.

Ainsi se conjuguent, *être fini, être reçu, être rendu,* &c. &c. &c.

RÉGIME DES VERBES PASSIFS.

Règle. On met *de* ou *par* devant le nom ou pronom qui suit le verbe passif.

Ex. La souris est mangée par *le chat.*

Un enfant sage est aimé de *ses parents.*

Remarque. N'employez jamais *par* avec le nom *Dieu,* dites :

Les méchants seront punis de *Dieu,* et non pas *seront punis* par *Dieu* (1).

VERBES NEUTRES.

On appelle *neutres,* les verbes après lesquels on ne peut pas mettre *quelqu'un,* ni *quelque chose : languir, dormir,* sont des

______

(1) Cependant on ne dirait pas :
Tout a été créé *de Dieu ;* il faut absolument dire : Tout a été créé *par Dieu,* ou prendre un autre tour.

verbes neutres, parce qu'on ne peut pas dire *languir quelqu'un*, *dormir quelque chose*, &c. (On les appelle *neutres*, parce qu'ils ne sont ni *actifs* ni *passifs*.)

La plupart des verbes neutres se conjuguent, comme les verbes actifs, avec l'auxiliaire *avoir* : *je dors*, *j'ai dormi*, *j'avais dormi*, *j'aurai dormi*, &c.

Mais il y a des verbes neutres qui se conjuguent dans leurs temps composés avec l'auxiliaire *être*, comme *venir*, *arriver*, *tomber*, &c.

CONJUGAISON DES VERBES NEUTRES.

INDICATIF.

PRÉSENT.

Je tombe.
Tu tombes.
Il, *ou* elle tombe.
Nous tombons.
Vous tombez.
Ils, *ou* elles tombent.

IMPARFAIT.]

Je tombais.
Tu tombais.
Il, *ou* elle tombait.
Nous tombions.
Vous tombiez.
Ils, *ou* elles tombaient.

PRÉTÉRIT DÉFINI.

Je tombai.
Tu tombas.
Il, *ou* elle tomba.
Nous tombâmes.
Vous tombâtes.
Ils, *ou* elles tombèrent.

PRÉTÉRIT INDÉFINI.

Je suis tombé, *ou* tombée.
Tu es tombé, *ou* tombée.
Il est tombé, *ou* elle est tombée.
Nous sommes tombés, *ou* tombées.
Vous êtes tombés, *ou* tombées.
Ils sont tombés, *ou* elles sont tombées.

PRÉTÉRIT ANTÉRIEUR.

Je fus tombé, *ou* tombée.
Tu fus tombé, *ou* tombée.
Il fut tombé, *ou* elle fut tombée.
Nous fûmes tombés, *ou* tombées.
Vous fûtes tombés, *ou* tombées.
Ils furent tombés, *ou* elles furent tombées.

PLUSQUE-PARFAIT.

J'étais tombé, *ou* tombée.
Tu étais tombé, *ou* tombée.
Il était tombé, *ou* elle était tombée.
Nous étions tombés, *ou* tombées.
Vous étiez tombés, *ou* tombées.
Ils étaient tombés, *ou* elles étaient tombées.

FUTUR.

Je tomberai.
Tu tomberas.
Il, *ou* elle tombera.
Nous tomberons.

Vous tomberez.

Ils, *ou* elles tomberont.

FUTUR PASSÉ.

Je serai tombé, *ou* tombée.

Tu seras tombé, *ou* tombée.

Il sera tombé, *ou* elle sera tombée.

Nous serons tombés, *ou* tombées.

Vous serez tombés, *ou* tombées.

Ils seront tombés, *ou* elles seront
tombées.

CONDITIONNEL.

PRÉSENT.

Je tomberais.

Tu tomberais.

Il, *ou* elle tomberait.

Nous tomberions.

Vous tomberiez.

Ils, *ou* elles tomberaient.

PASSE.

Je serais tombé, *ou* tombée.

Tu serais tombé, *ou* tombée.

Il serait tombé, *ou* elle serait
tombée.

Nous serions tombés, *ou* tombées.

Vous seriez tombés, *ou* tombées.

Ils seraient tombés, *ou* elles seraient
tombées.

On dit aussi : *je fusse tombé,* ou *tombée; tu fusses tombé,* ou *tombée ; il fût tombé,
ou elle fût tombée : nous fussions tombés,* ou *tombées; vous
fussiez tombés,* ou *tombées; ils
fussent tombés,* ou *elles fussent
tombées.*

IMPÉRATIF.

Point de première personne.

Tombe.

Qu'il, *ou* qu'elle tombe.

Tombons.

Tombez.

Qu'ils, *ou* qu'elles tombent.

SUBJONCTIF.

PRÉSENT OU FUTUR.

Que je tombe.

Que tu tombes.

Qu'il, *ou* qu'elle tombe.

Que nous tombions.

Que vous tombiez.

Qu'ils, *ou* qu'elles tombent.

IMPARFAIT.

Que je tombasse.

Que tu tombasses.

Qu'il, *ou* qu'elle tombât.

Que nous tombassions.

Que vous tombassiez.

Qu'ils, *ou* qu'elles tombassent.

PRÉTÉRIT.

Que je sois tombé, *ou* tombée.

Que tu sois tombé, *ou* tombée.

Qu'il soit tombé, *ou* qu'elle soit
tombée.

Que nous soyons tombés, *ou* tombées.

Que vous soyez tombés, *ou* tombées.

Qu'ils soient tombés, *ou* qu'elles
soient tombées.

PLUSQUE-PARFAIT.

Que je fusse tombé, *ou* tombée.

Que tu fusses tombé, *ou* tombée.

Qu'il fût tombé, *ou* qu'elle fût
tombée.

Que nous fussions tombés, *ou*
tombées.

Que vous fussiez tombés, *ou* tombées.

Qu'ils fussent tombés, *ou* qu'elles
fussent tombées.

INFINITIF.

PRÉSENT.

Tomber.

PRÉTÉRIT.

Être tombé, *ou* tombée.

PARTICIPES.

PRÉSENT.

Tombant.

PASSE.

Tombé, tombée, étant tombé.

FUTUR.

Devant tomber.

Conjuguez de même les verbes *aller*, *arriver*, *dechoir*, *décéder*, *entrer*, *sortir*, *mourir*, *partir*, *rester*, *descendre*, *monter*, *passer*, *venir*; et ses composés, *devenir*, *survenir*, *revenir*, *parvenir*, &c. &c.

Il y a des verbes neutres qui ont un régime.

RÉGIME DES VERBES NEUTRES.

Règle. On met *à* ou *de* devant le nom ou pronom qui suit le verbe neutre.

Exemples.

A	DE
Nuire à *la santé.*	*Médire* de *quelqu'un.*
Plaire au *Seigneur.*	*Profiter* des *leçons.*
Convenir à *quelqu'un.*	*Jouir* de *la liberté.*

VERBES RÉFLÉCHIS.

On appelle verbes *réfléchis* ceux dont le nominatif et le régime sont la même personne, comme *je me flatte*, *tu te loues*, *il se blesse*, &c.

Les verbes *réfléchis* se conjuguent comme le verbe *tomber*, c'est-à-dire qu'ils prennent l'auxiliaire *être*, aux temps composés. Nous ne mettrons ici que les premières personnes.

CONJUGAISONS DES VERBES RÉFLÉCHIS.

INDICATIF.
PRÉSENT.

Je me repens.
Tu te repens.
Il, *ou* elle se repent.
Nous nous repentons.
Vous vous repentez
Ils, *ou* elles se repentent.

IMPARFAIT.

Je me repentais, etc.

PRÉTÉRIT DÉFINIF.

Je me repentis, etc.

PRÉTÉRIT INDÉFINI.

Je me suis repenti, *ou* repentie.

PRÉTÉRIT ANTÉRIEUR.
Je me fus repenti, *ou* repentie.
PLUSQUE-PARFAIT.
Je m'étais repenti, *ou* repentie.
FUTUR.
Je me repentirai.
FUTUR PASSÉ.
Je me serai repenti, *ou* repentie.
CONDITIONNEL.
PRÉSENT.
Je me repentirais.
PASSÉ.
Je me serais repenti, *ou* repentie.
   On dit aussi : *je me fusse repenti*, ou *repentie*.
IMPÉRATIF.
Point de première personne.
Repens-toi.
Qu'il, *ou* qu'elle se repente.
Repentons-nous.
Repentez-vous.
Qu'ils, *ou* qu'elles se repentent.

SUBJONCTIF.
PRÉSENT OU FUTUR.
Que je me repente.
IMPARFAIT.
Que je me repentisse.
PRÉTÉRIT.
Que je me sois repenti, *ou* repentie.
PLUSQUE-PARFAIT.
Que je me fusse repenti, *ou* repentie.
INFINITIF.
PRÉSENT.
Se repentir.
PRÉTÉRIT.
S'être repenti, *ou* repentie.
PARTICIPES.
PRÉSENT.
Se repentant.
PASSÉ.
Repenti, s'étant repenti, ou repentie.
FUTUR.
Devant se repentir.

Remarque. Me, te, se, nous, vous, qui sont le régime des verbes réfléchis, sont quelquefois régime *direct,* comme dans *je* me *flatte,* c'est-à-dire, *je flatte* moi ; *tu* te *blesseras,* c'est-à-dire, *tu blesseras* toi : et quelquefois ils sont régime *indirect,* comme dans cet exemple : *je* me *fais une loi,* c'est-à-dire, *je fais* à moi *une loi* ; *il* s'est *fait honneur,* c'est-à-dire, *il a fait honneur* à soi , &c.

VERBES IMPERSONNELS.

On appelle verbe *impersonnel* celui qui ne s'emploie dans tous les temps qu'à la troisième personne du singulier ; comme *il faut, il importe, il pleut*, &c. Il se conjugue à cette troisième personne comme les autres verbes. (1)

CONJUGAISON DES VERBES IMPERSONNELS.

INDICATIF.

PRÉSENT.

Il faut.

IMPARFAIT.

Il fallait.

PRÉTÉRIT DÉFINI.

Il fallut.

PRÉTÉRIT INDÉFINI.

Il a fallu.

PRTÉRIT ANTÉRIEUR.

Il eût fallu.

PLUSQUE-PARFAIT.

Il avait fallu.

FUTUR.

Il faudra.

FUTUR PASSÉ.

Il aura fallu.

CONDITIONNEL.

PRÉSENT.

Il faudrait.

PASSÉ.

Il aurait fallu.

SUBJONCTIF.

PRÉSENT OU FUTUR.

Qu'il faille.

IMPARFAIT.

Qu'il fallût.

PRÉTÉRIT.

Qu'il ait fallu.

PLUSQUE-PARFAIT

Qu'il eût fallu.

INFINITIF.

PRÉSENT.

Falloir.

PARTICIPE.

PASSÉ.

Ayant fallu.

Remarque. Le mot *il* ne marque un verbe *impersonnel* que lorsqu'on ne peut pas mettre un nom à sa place; car lorsqu'en parlant d'un enfant, on dit, *il joue*, ce n'est pas un impersonnel, parce qu'à la place du mot *il*, on peut mettre *l'enfant*, et dire, *l'enfant joue.* (2)

---

(1) *Impersonnel* veut dire proprement *qui n'a rapport à aucune personne.*

(2) Cette remarque n'est applicable qu'aux verbes il *pleut*, il *faut*, et autres verbes essentiellement impersonnels.

CHAPITRE VI.

SIXIÈME ESPÈCE DE MOTS.

LE PARTICIPE.

LE *participe* est un mot qui tient du verbe et de l'adjectif, comme, *aimant, aimé*. Il tient du verbe, en ce qu'il en a la-signification et le régime; *aimant Dieu, aimé de Dieu:* il tient aussi de l'adjectif, en ce qu'il qualifie une personne ou une chose, c'est-à-dire, qu'il en marque la qualité, comme *vieillard honoré, vertu éprouvée*.

ACCORD DES PARTICIPES.

1°. Participe présent, *aimant, finissant, recevant, rendant*.

Règle. Le participe présent ne varie jamais, c'est-à-dire qu'il ne prend ni genre, ni nombre.

Exemples.

Un homme lisant.   *Une femme* lisant.
Des hommes lisant.   *Des femmes* lisant.

Remarque. Ce qu'on appelle *gérondif* n'est autre chose que le participe présent (*), devant lequel on met le mot *en*, comme : *les jeunes gens se forment l'esprit* en *lisant de bons livres*.

(*) Il ne faut pas confondre avec le participe présent, certains adjectifs verbaux (c'est-à-dire, qui viennent des verbes). On dit : *un homme obligeant, une femme obligeante:* ce ne sont pas des participes, parce qu'ils n'ont pas de régime. Mais quand je dis, *cette femme est d'un bon caractère,* obligeant *tout le*

2°. Participe passé, *aimé, fini, reçu, rendu.*

Le participe passé s'accorde ou avec son nominatif, ou avec son régime.

Accord du participe passé avec le Nominatif.

Première règle. Le participe passé, quand il est accompagné du verbe auxiliaire *être*, s'accorde en genre et en nombre avec son nominatif ou sujet, c'est-à-dire, que l'on ajoute *e*, si le sujet est féminin, et *s* si le sujet est pluriel.

Exemples.

Mon frère a été puni.	Ma sœur a été punie.
Mes frères ont été punis.	Mes sœurs ont été punies (*).
Mon frère est tombé.	Ma sœur est tombée.
Mes frères sont tombés.	Mes sœurs sont tombées.

Exception unique. Dans les temps composés des verbes *réfléchis*, le participe ne s'accorde pas avec son nominatif. On dit d'une

---

monde quand elle peut; *obligeant* est ici *participe*, puisqu'il a le régime *tout le monde.*

Note additionnelle.

Cependant le participe est souvent employé sans régime direct. Ce qui distingue principalement l'adjectif verbal du participe présent, c'est que le premier exprime *l'état, l'habitude, une manière d'être*, et que le second exprime essentiellement *une action.*

Ainsi l'on dira avec l'adjectif verbal : Tous les biens *appartenants* à cette famille furent vendus; parce qu'ici l'on veut exprimer l'état des biens : ils sont *appartenants* à cette famille, ils lui sont *propres, particuliers.*

Et avec le participe présent : Ces biens, *appartenant* à cette famille, ne peuvent être vendus : parce qu'on veut exprimer une *action*; ces biens ne peuvent être vendus *parce qu'ils appartiennent* à cette famille.

(*) Le participe *été* n'a ni féminin, ni pluriel, on dit : *elle a été, ils ont été.*

femme, *elle s'est* mis *cela dans la tête* (et non pas *mise*) ; *quelques païens se sont* donné *la mort* (et non pas, se sont *donnés*).

Deuxième règle. Mais quand le participe passé est accompagné du verbe auxiliaire *avoir*, il ne s'accorde jamais avec son nominatif.

Exemples.

Mon père a écrit *une* lettre.　*Ma mère* a écrit *une* lettre.

Mes frères ont écrit *une* lettre.　*Mes sœurs* ont écrit *une* lettre.

(Le participe *écrit* ne change point, quoique le nominatif soit masculin ou féminin, singulier ou pluriel). (1)

Accord du Participe passé avec le Régime.

Première règle. Le participe passé s'accorde toujours avec son régime *direct*, quand ce régime est devant le participe.

Exemples.

La lettre que vous avez écrite, *je l'ai* lue.
Les livres que j'avais prêtés, *on les a* rendus.
Quelle affaire avez-vous entreprise?
Combien d'ennemis n'a-t-il pas vaincus!
Quand la race de Caïn se fut multipliée . . . . .

On voit que le régime mis devant le participe est ordinairement pronom : *que, me, te, se, le, la, les, nous, vous.* (*)

---

(1) Il en est de même dans les exemples suivants·
L'heure a *sonné*, ces dames ont *chanté*, la fête a *duré* plusieurs jours.

(*) Autrefois on mettait deux exceptions : 1°. quand le nominatif est après le participe, comme : *la leçon que vous ont*

Deuxième règle. Mais quand le régime n'est placé qu'après le participe, ce participe ne s'accorde pas avec son régime.

Exemples.

J'ai écrit *une lettre.*   J'ai écrit *des lettres.*
Vous avez acheté *un livre. Vous avez* acheté *des livres.*

(*Écrit, acheté,* ne changent pas, quoique le régime soit singulier ou pluriel, masculin ou féminin, parce que ce régime est après le participe.)

Remarque. On dit sans faire accorder : *les vertus que j'ai* entendu *louer, les vices que j'ai* résolu *d'éviter : que* n'est pas ici le régime des participes *entendu, résolu,* mais des infinitifs suivants, *louer, éviter.* Pour connaître si le régime dépend du participe, il faut voir si l'on peut mettre ce régime immédiatement après le participe. On ne peut pas dire ici, *j'ai entendu les vertus, j'ai résolu les vices.* (1)

---

donné *vos maîtres,* 2°. quand le participe est suivi d'un adjectif qui fait partie du régime, comme : *Adam et Ève que Dieu avait* créé *innocent;* mais c'est à tort : il faut dans le premier exemple, *donnée;* et dans le second, il faut *créés.* (Essais de Grammaire par d'Olivet)

(1) SUPPLÉMENT au Chapitre précédent.

1°. On écrit : Que de fautes il *s'est* glissé dans cet ouvrage! parce que le pronom *se* est singulier, se rapportant au pronom impersonnel *il;* d'ailleurs, tout participe passé construit avec un verbe impersonnel est toujours invariable; on écrit : Les chaleurs qu'il a *fait,* la disette qu'il y a *eu,* etc.

2°. On écrit : Cette maladie est plus sérieuse qu'on ne l'avait cru, parce que le pronom *l'* ne se rapporte pas au substantif maladie, mais à une phrase sous-entendue. cette maladie

CHAPITRE VII.

SEPTIÈME ESPÈCE DE MOTS.

LA PRÉPOSITION.

La *préposition* est un mot qui sert à joindre le nom ou pronom suivant au mot qui la précède : par exemple, quand je dis : *le fruit* de *l'arbre*, *de* marque le rapport qu'il y a entre *fruit* et *arbre* : quand je dis, *utile* à *l'homme*, *à* fait rapporter le nom *homme* à l'adjectif *utile* : quand je dis, *j'ai reçu* de *mon père*, *de* sert à joindre le nom *père* au verbe *reçu*, etc. ; *de*, *à*, sont des prépositions. Le mot qui suit s'appelle le *régime* de la *préposition*.

Cette espèce de mots s'appelle *préposition*, parce qu'elle se met ordinairement devant le nom qu'elle régit.

PRÉPOSITIONS FRANÇAISES.

Pour marquer la place, ou le lieu.

A. Attacher *à* la muraille, vivre *à* Paris, aller *à* Rome.

---

est plus sérieuse que je n'avais cru *qu'elle était*. Ce qui prouve que *l'* ne se rapporte pas au substantif, c'est qu'on ne dirait pas : ces maladies sont plus sérieuses qu'on ne *les* avait *crues*.

3°. On écrit : Il nous a *fait* parler. Le participe *fait* suivi d'un infinitif est invariable.

4°. En parlant de livres, on écrit : J'en ai *lu*, parce que le régime direct est sous-entendu, c'est une expression de quantité, telle que *quelques-uns, plusieurs, un certain nombre*. Mais on écrit avec l'accord, combien j'en ai *lus*, parce qu'il n'y a aucun régime direct sous-entendu ; *combien* représente ici ce régime.

Dans. Être *dans* la maison, serrer *dans* une cassette.

En. Être *en* Italie, voyager *en* Allemagne.

De. Sortir *de* la ville, venir *de* la province.

Chez. Être *chez* un ami, ce livre est *chez* le libraire.

Devant. Le berger marche *devant* le troupeau, allez *devant* moi.

Après. J'irai *après* vous, courir *après* quelqu'un.

Derrière. Les laquais vont *derrière* leur maître, se cacher *derrière* un mur.

Parmi. Cet officier fut trouvé *parmi* les morts.

Sur. Avoir son chapeau *sur* la tête, mettre un flambeau *sur* la table.

Sous. Mettre un tapis *sous* les pieds, tout ce qui est *sous* le ciel.

Vers. Les yeux levés *vers* le ciel, l'aimant se tourne *vers* le nord.

Pour marquer l'ordre.

Avant. La nouvelle est arrivée *avant* le courrier.

Entre. Tenir un enfant *entre* ses bras, être *entre* le printemps et l'automne.

Dès. Cette rivière est navigable *dès* sa source, souffrir *dès* sa plus tendre enfance.

Depuis. *Depuis* Paris jusqu'à Orléans, *depuis* la création jusqu'au déluge.

Pour marquer l'union.

Avec. Manger *avec* ses amis, il est parti *avec* la fièvre.

Pendant. *Pendant* la guerre.

Durant. Durant la guerre.

Outre. Compagnie de cent hommes, *outre* les officiers.

Selon. Se conduire *selon* la raison.

Suivant. Suivant la loi.

Pour marquer séparation.

Sans. Les soldats *sans* leurs officiers.

Hors. Tout est perdu, *hors* l'honneur.

Excepté. Tout est perdu, *excepté* l'honneur.

Pour marquer opposition.

Contre. Écoliers révoltés *contre* le maître. Plaider *contre* quelqu'un.

Malgré. Il est parti *malgré* moi.

Nonobstant. Il a fait cela, *nonobstant* mes représentations.

Pour marquer le but.

Envers. Charitable *envers* les pauvres, son respect *envers* ses supérieurs.

Touchant. Il m'a écrit *touchant* cette affaire.

Pour. Travailler *pour* le bien public, étudier *pour* son instruction.

Pour marquer la cause, le moyen.

Par. Fléchir *par* ses prières, tout a été créé *par* la parole de Dieu.

Moyennant. J'espère *moyennant* la grâce de Dieu.

Attendu. Le courrier n'a pu partir, *attendu* le mauvais temps.

CHAPITRE VIII.
HUITIÈME ESPÈCE DE MOTS.
L'ADVERBE.

L'*ADVERBE* est un mot qui se joint ordinairement au verbe ou à l'adjectif (1), pour en déterminer la signification. Quand on dit, *cet enfant parle distinctement*, par ce mot *distinctement*, l'on fait entendre qu'il parle d'une manière plutôt que d'une autre.

On distingue plusieurs sortes d'*adverbes*:

1°. Il y a des adverbes qui marquent la *manière* : ils sont presque tous terminés en *ment*, et se forment des adjectifs, comme *sagement* de *sage*, *poliment* de *poli*, *agréablement* d'*agréable*, *modestement* de *modeste*, &c.

2°. Il y a des adverbes qui marquent l'ordre, comme *premièrement, secondement, d'abord, ensuite, auparavant.* Exemple : d'abord *il faut éviter le mal*, ensuite *il faut faire le bien.*

3°. Il y a des adverbes qui marquent le lieu, comme *où, ici, là, deçà, au-delà, dessus, partout, auprès, loin, dedans, dehors, ailleurs.* Exemple : où *êtes-vous? Je suis ici, je vais là.*

4°. Il y a des adverbes de temps, comme *hier, autrefois, bientôt, souvent, toujours, jamais*, &c. Exemple : *cet enfant joue toujours, et ne s'applique jamais.*

____

(1) Et même à un autre adverbe.

5°. Il y-a des adverbes de *quantité*, comme *beaucoup*, *peu*, *assez*, *trop*, *tant*, &c. Exemple : *il parle* beaucoup, et *réfléchit* peu.

6°. Enfin il y a des adverbes de *comparaison*, comme *plus*, *moins*, *aussi*, *autant*, &c. Exemple : plus *sage*, aussi *sage*, moins *sage* *que vous*.

Remarque. Certains adjectifs sont quelquefois employés comme adverbes : on dit chanter *juste*, parler *bas*, voir *clair*, rester *court*, frapper *fort*, sentir *bon*, &c. (1)

CHAPITRE IX.

NEUVIÈME ESPÈCE DE MOTS,

LA CONJONCTION.

Remarque. On a vu jusqu'à présent comment les mots se joignent ensemble pour former un sens : les mots ainsi réunis font une *phrase* ou *proposition*. La plus petite proposition doit avoir au moins deux mots, le nominatif et le verbe, *je chante*, *vous lisez*, *l'homme meurt :* souvent le verbe a un régime, comme, *je chante un air*, *vous lisez une lettre*, &c.

La *conjonction* est un mot qui sert à joindre une phrase à une autre phrase; par exemple, quand on dit : *il pleure* et *il rit en même temps*, ce mot *et* lie la première phrase, *il pleure*, avec la seconde, *il rit*.

____

(1) Alors c'est une faute de dire, *cette rose sent bonne*, *cette étoffe coûte chère*, etc. L'adverbe est un mot invariable.

Différentes sortes de conjonctions.

1°. Pour marquer la liaison : *et, ni, aussi, que.*

2°. Pour marquer opposition, *mais, cependant, néanmoins, pourtant.*

3°. Pour marquer division : *ou, ou bien, soit.*

4°. Pour marquer exception : *sinon, quoique.*

5°. Pour comparer : *comme, de même que, ainsi que.*

6°. Pour ajouter : *de plus, d'ailleurs, outre que, encore.*

7°. Pour rendre raison : *car, parce que, puisque, vu que.*

8°. Pour marquer l'intention : *afin que, de peur que.*

9°. Pour conclure : *or, donc, ainsi, de sorte que.*

10°. Pour marquer le temps : *quand, lorsque, comme, dès que, tandis que.*

11°. Pour marquer le doute : *si, supposé que, pourvu que, en cas que.*

Il y a plusieurs autres conjonctions ; l'usage les fera connaître : la plus ordinaire est *que ;* on distingue la conjonction *que* du *que* relatif, en ce qu'elle ne peut pas se tourner par *lequel, laquelle.*

RÉGIME DES CONJONCTIONS.

Parmi les conjonctions, les unes veulent le verbe suivant au subjonctif, les autres à l'indicatif.

Voici celles qui régissent le subjonctif :
soit que, *sans que*, *si ce n'est que*, *quoique*, *jusqu'à ce que*, *encore que*, *à moins que*, *pourvu que*, *supposé que*, *au cas que*, *avant que*, *non pas que*, *afin que*, *de peur que*, *de crainte que*, et en général quand on marque quelque doute, ou quelque souhait, comme *je souhaite*, *je doute* que *cet enfant* soit *jamais savant*.

CHAPITRE X.
DIXIÈME ESPÈCE DE MOTS.
L'INTERJECTION.

L'*INTERJECTION* est un mot dont on se sert pour exprimer un sentiment de l'âme, comme la joie, la douleur, &c.

La joie : *Ah! Bon!*
La douleur : *Aïe! Ah! Hélas! Ouf!*
La crainte : *Ha! Hé!*
L'aversion : *Fi! Fi donc!*
L'admiration : *Oh!*
Pour encourager : *Çà! Allons! Courage!*
Pour appeler : *Holà! Hé!*
Pour faire taire : *Chut! Paix!*

REMARQUES PARTICULIÈRES

SUR CHAQUE ESPÈCE DE MOTS.

DES LETTRES.

H est aspirée dans *héros*, on dit : *le héros*; mais elle n'est point aspirée dans *heroisme*, on dit : *l'héroïsme de la vertu.*

L au milieu et à la fin des mots, quand elle est précédée d'un *i*, est ordinairement *mouillée*, et se prononce comme à la fin de ces mots, *soleil*, *orgueil*, *famille*, *bouillir.*

On écrit *œil* qu'on prononce comme *euil.*

S entre deux voyelles se prononce comme *z.* Exemple : *maison*, *poison*, excepté les mots *préséance*, *présupposer*, où l'on con-serve la prononciation de l'*s.* (1)

D à la fin du mot *grand* se prononce comme *t* devant une voyelle ou une *h* muette : *grand homme*, on prononce comme s'il y avait *grant homme.*

Gn au milieu d'un mot se prononce comme dans *ignorance*, *magnanime.*

T ne se prononce pas à la fin de ces mots *respect*, *aspect*, même quand le mot sui-vant commence par une voyelle ou une *h* muette : ainsi prononcez *respect humain* comme s'il y avait *respec humain.*

DES NOMS COMPOSÉS.

Quand un nom est composé d'un adjectif et d'un nom, ils prennent tous deux la

______

(1) Il en est de même de *tournesol*, *parasol*, *havresac.*

marque du pluriel. Exemple : un *arc-bou-tant*, des *arcs-boutants*. (1)

Quand il est composé de deux noms unis par une préposition, on ne met la marque du pluriel qu'au premier des deux noms. Exemple : un *chef-d'œuvre*, des *chefs-d'œuvre*, un *arc-en-ciel*, des *arcs-en-ciel*. (2)

Quand il est composé d'une préposition ou d'un verbe et d'un nom, le nom seul prend la marque du pluriel. Exemples : un *entre-sol*, des *entre-sols* ; un *garde-fou*, des *garde-fous*. (3)

NOMS DE NOMBRE.

Cent au pluriel, et *vingt* dans quatre-vingt, prennent une *s* quand ils sont suivis d'un nom. Exemples : deux cents *hommes*, quatre-vingts *volumes*. (4)

Pour la date des années on écrit mil. Exemple : *L'hiver fut très-rigoureux en* mil *sept cent neuf* : partout ailleurs on écrit *mille* qui ne prend jamais s ; *deux* mille *hommes*.

---

(1) Cependant on écrit des *terre-pleins*, des *blanc-seings*, des *chevau-légers*, des *grand'mères*.

Quand les deux mots sont des noms, ils prennent chacun la marque du pluriel, excepté dans des *hôtels-Dieu*, des *appui-mains*, des *brèche-dents*.

(2) On écrit sans signe du pluriel, des *tête-à-tête*, des *pied-à-terre*, des *coq-à-l'âne*.

(3) Sont exceptés des *serre-tête*, des *réveille-matin*, et autres expressions où le pluriel du substantif est rejeté par le sens.

(4 Les mots *cent* et *vingt* peuvent aussi prendre le signe du pluriel sans être suivis d'un substantif, comme dans, il y en a six *cents*, il y en avait quatre-*vingts*. Mais suivis d'un autre nom de nombre, ces mots sont invariables, *six cent cinquante, quatre-vingt-dix*.

Neuf se prononce devant une voyelle comme *neuv*. Exemple : *il y a neuf ans ;* prononcez *neuv ans*.

On dit : une *demi-heure*, une *demi-livre ;* ce mot *demi* ne change pas quand il est devant le nom ; mais dites : une heure et *demie*, une livre et *demie :* quand le mot *demi* est après le nom, il en prend le genre.

NOMS PARTITIFS.

On appelle *noms partitifs* ceux qui marquent la partie d'un plus grand nombre ; comme *la plupart de*, *une infinité de*, *beaucoup de*, *peu de*, &c.

Les noms partitifs suivis d'un nom pluriel veulent le verbe et l'adjectif au pluriel.

Exemples. La plupart des enfants sont légers. *Peu d'enfants* sont attentifs.

Remarque. Dans le sens partitif on met *de*, et non pas *des*, devant un adjectif. Exemples : *j'ai lu* de *bons livres*, et non pas *des* bons livres ; *j'ai vu* de *belles maisons*, et non pas *des* belles maisons. (1)

PRONOMS.

1°. *Vous* employé pour *tu* veut le verbe au pluriel ; mais l'adjectif suivant reste au singulier.

Exemple. Mon fils, vous serez estimé, *si vous* êtes sage.

2°. *Le, la, les*, sont quelquefois pronoms,

____

(1) A moins cependant que l'adjectif et le nom ne fassent un nom composé, comme dans des *petits-maîtres*, des *jeunes-gens*.

et quelquefois ils sont articles : l'article est toujours suivi d'un nom, *le* frère, *la* sœur, *les* hommes : au lieu que le pronom est toujours joint à un verbe, comme : *je* le *connais*, *je* la *respecte*, *je* les *estime*.

Le pronom *le* ne prend ni genre ni nombre, quand il tient la place d'un adjectif ou d'un verbe. Par exemple, si l'on disait à une femme : *Madame, êtes-vous malade?* Il faudrait qu'elle répondît : *Oui, je* le *suis*, et non pas *je* la *suis*, parce que *le* se rapporte à l'adjectif *malade*. *On doit s'accommoder à l'humeur des autres autant qu'on* le *peut:* je mets *le*, parce qu'il se rapporte au verbe *accommoder*.

3°. N'employez le pronom *soi* qu'après un nominatif vague et indéterminé, comme *on, chacun, ce*, &c.

Exemples. On ne doit jamais parler de soi. Chacun *songe à* soi. *N'aimer que* soi, *c'est être mauvais citoyen*. (1)

4°. Il ne faut pas se servir du pronom *son, sa, ses, leur, leurs*, mis pour un nom de chose, à moins que ce nom ne soit exprimé dans la même phrase. Ainsi ne dites pas : *Paris est beau, j'admire* ses *bâtiments;* mais dites : *j'en admire les bâtiments*.

On emploie bien *son, sa, ses*, &c., pour un nom de chose, quand il est exprimé dans

---

(1) Pour éviter l'équivoque, on peut employer *soi* pour *lui*. L'avare qui a un fils prodigue, n'amasse ni pour *soi*, ni pour *lui*.

la même phrase. Ainsi on dit bien : *la Seine a sa source en Bourgogne.* (*)

5°. Il faut dire : *c'est en Dieu que nous devons mettre notre espérance*, et non pas *en qui* ; *c'est à vous-même que je veux parler*, non pas *à qui* je veux. (Dans ces deux phrases *que* n'est pas relatif, mais conjonction.)

6°. *Qui* relatif est toujours de la même personne que son *antécédent.* Ainsi il faut dire : *moi* qui *ai vu* ; *vous* qui *avez vu* ; *nous* qui *avons vu*, etc.

7°. *Qui*, précédé d'une préposition, ne se dit jamais des choses, mais seulement des personnes. Ainsi ne dites pas : *les sciences à qui je m'applique*, mais *auxquelles* je m'applique. (1)

8°. *Ce* devant le verbe *être*, veut ce verbe au singulier, excepté quand il est suivi de la troisième personne du pluriel. On dit : c'est *moi*, c'est *toi*, c'est *lui*, c'est *nous*, c'est *vous qui*, mais il faut dire : ce sont *eux*, ce sont *elles*, ce sont *vos ancêtres qui ont bâti cette maison.*

9°. *Tout* mis pour *quoique, entièrement*, ne change point de nombre devant un adjectif qui commence par une voyelle ou une *h* muette. Ainsi dites : *Les enfants*, tout *aima-*

(*) Cependant, quoique le nom de *chose* ne soit pas dans la même phrase, on se sert bien de *son, sa, ses*, quand il est régi par une préposition, comme : *Paris est beau* ; *j'admire la grandeur de* ses *bâtiments.*

(1) Quand on emploie *à qui*, en rapport à un nom de chose, c'est que ce nom est en quelque sorte personnifié : *l'étude*, à qui je dois tout mon bonheur, fera aussi votre consolation.

bles qu'il sont, ne laissent pas d'avoir bien des défauts ; cette image, tout *amusante qu'elle est ne me plaît pas* ; ces images, tout *amusantes qu'elles sont, ne me plaisent pas.*

Mais si l'adjectif féminin commence par une consonne ou une *h* aspirée, on met *toute, toutes.* Exemples : *cette image,* toute *belle qu'elle est, ne me plaît pas :* ces images, toutes *belles qu'elles sont, ne me plaisent pas.* (*)

10°. *Quelque . . . . que* s'emploie de cette manière, s'il y a un adjectif entre *quelque* et *que,* alors *quelque* ne prend jamais *s* à la fin.

Exemple. Les rois, quelque *puissants qu'ils soient, ne doivent pas oublier qu'ils sont hommes.*

S'il y a un nom entre *quelque* et *que,* alors on met *quelque* au même nombre que le nom.

Exemple. Quelques *richesses* que *vous ayez, vous ne devez pas vous enorgueillir.*

Si le nom n'est placé qu'après le *que* et le verbe, alors on écrit en deux mots séparés *quel,* ou *quelle* que, *quels* ou *quelles* que.

Exemples. Quelle *que soit votre force,* quelles *que soient vos richesses, vous ne devez pas vous enorgueillir; votre puissance,* quelle *qu'elle soit, ne vous donne pas le droit de mépriser les autres.*

11°. *Celui-ci, celui-là,* s'emploient de

<hr>

(*) Quand *tout* signifie *entièrement,* il suit la même règle : *ils sont* tout *interdits : elles sont* tout *interdites,* etc. (c'est-à-dire, *entièrement* interdits).

cette manière : *celui-ci* pour la personne dont on a parlé en dernier lieu; *celui-là* pour la personne dont on a parlé en premier lieu.

Exemple. Les deux philosophes Héraclite et Démocrite étaient d'un caractère bien différent : celui-ci *riait toujours ;* celui-là *pleurait sans cesse.*

Ceci désigne une chose plus proche, *cela* désigne une chose plus éloignée. Exemple : *Je n'aime pas* ceci; *donnez-moi* cela.

Le mot *personne,* employé comme *pronom,* est du masculin, on dit : *Je ne connais* personne *plus heureux que lui.* Mais *personne* employé comme *nom* est du féminin : cette personne est très-*heureuse.*

On ne dit plus, *un chacun, un quelqu'un.*

REMARQUES SUR LES VERBES.

I. Le nominatif, soit nom, soit pronom, se place après le verbe, 1° quand on interroge; Exemples : *Que penseront de vous* les honnêtes gens, *si vous n'êtes pas sage ? Irai-*je? *Viendras-*tu? *Est-*il *arrivé ?*

Quand le verbe qui précède *il, elle, on,* finit par une voyelle, on ajoute un *t* devant *il, elle, on.* Exemple : *Appelle-*t-*il? Viendra-*t-*elle ? Aime-*t-*on les paresseux ?*

L'usage ne permet pas toujours cette manière d'interroger à la première personne, parce que la prononciation en serait rude et désagréable. Ne dites pas : *Cours-je? Mens-je? Dors-je? Sois-je?* &c. Il faut prendre un autre tour, et dire : *Est ce que je cours? Est-ce que je mens? Est-ce que je dors?*

2°. Le nominatif se met encore après le verbe, quand on rapporte les paroles de quelqu'un. Exemple : *Je me croirai heureux, disait* un bon roi, *quand je ferai le bonheur de mes sujets.*

3°. Après *tel, ainsi.* Exemple : *Tel était* son avis. *Ainsi mourut* cet homme.

4°. Après les verbes impersonnels. Exemple : *Il est arrivé* un grand malheur.

II. On ne doit se servir du prétérit *défini* qu'en parlant d'un temps absolument écoulé, et dont il ne reste plus rien. Ainsi ne dites pas, j'étudiai *aujourd'hui, cette semaine, cette année ;* parce que le jour, la semaine, l'année, ne sont pas encore passés : ne dites pas non plus : j'étudiai *ce matin :* il faut, pour le prétérit *défini*, qu'il y ait l'intervalle d'un jour : mais on dit bien, j'étudiai *hier, la semaine dernière, l'an passé,* &c.

Le prétérit *indéfini* s'emploie indifféremment pour un temps passé, soit qu'il en reste encore une partie à écouler, ou non. On dit bien : j'ai étudié *ce matin*, j'ai étudié *hier*, j'ai étudié *cette semaine*, j'ai étudié *la semaine passée,* &c.

III. A quel temps du subjonctif faut-il mettre le verbe qui suit la conjonction *que ?* (quand elle régit ce mode).

Première règle. Quand le premier verbe est au présent ou au futur, mettez au présent du subjonctif le second verbe qui est après *que.*   *Exemples.*

il faut. . . . }
il faudra. .} *que vous soyez plus attentif.*

Deuxième règle. Quand le premier verbe est à l'un des prétérits, mettez le second verbe à l'imparfait du subjonctif.

Exemples.

Il fallait. . . . .
Il fallut. . . . .
Il a fallu. . . } *que vous* fussiez *plus attentif.*
Il eût fallu. . .
Il aurait fallu.

Remarques sur les Prépositions.

1°. Ne confondez pas *autour* et *à l'entour;* autour est une préposition, et elle est toujours suivie d'un régime: *autour d'un trône;* *à l'entour* n'est qu'un adverbe, et il n'a point de régime; *il était sur son trône, et ses fils étaient* à l'entour.

2°. Ne confondez pas *avant* et *auparavant; avant* est une préposition, et elle est suivie d'un régime; *avant l'âge, avant le temps: auparavant* n'est qu'un adverbe, et il n'a point de régime; *ne partez pas sitôt, venez me voir auparavant.*

3°. *Au travers* est suivi de la préposition *de: au travers* des ennemis; *à travers* n'en est pas suivi; on dit: *à travers les ennemis.*

REMARQUES SUR LES ADVERBES.

1°. *Plus* et *davantage* ne s'emploient pas toujours l'un pour l'autre; *davantage* ne peut être suivi de la préposition *de,* ni de la conjonction *que.* On ne dit pas, *il a davantage* de *brillant que* de *solide;* mais *plus* de brillant. On ne dit pas , *il se fie* davantage à *ses lumières* qu'à celles *des autres* ; mais il se fie plus *à ses lumières.*

Davantage ne peut s'employer que comme adverbe. Exemple : *La science est estimable, mais la vertu l'est bien* davantage.

2°. Ne confondez pas l'adverbe *près de*, qui signifie *sur le point de*, avec l'adjectif *prêt à*, qui signifie *disposé à*; on ne dit point, *il est* prêt à *tomber*, mais, *il est* près de *tomber.*

Ne confondez pas *à la campagne* et *en campagne* : ce dernier ne se dit que du mouvement des troupes, *l'armée est* en *campagne* (1); mais il faut dire : *j'ai passé l'été la campagne.*

REMARQUES SUR LE RÉGIME.

Règle. Un nom peut être régi par deux adjectifs ou par deux verbes à la fois, pourvu que ces adjectifs et ces verbes ne veuillent pas un régime différent.

Exemples. Cet homme est utile et cher à sa famille.

Cet officier attaqua et prit la ville.

Mais on ne peut dire, *cet homme est utile et chéri de sa famille,* parce que l'adjectif *utile* ne peut régir *de sa famille.* On ne peut pas dire : *cet officier attaqua et se rendit maître* de *la ville,* parce que le verbe *attaquer* ne peut régir *de la ville.*

---

(1) Par extension on dit : *Mettre ses gens en campagne, avoir l'esprit en campagne,* et même *être en campagne,* dans le sens d'être en voyage.

CHAPITRE XI.

DE L'ORTHOGRAPHE.

L'ORTHOGRAPHE est la manière d'écrire correctement tous les mots d'une langue.

ORTHOGRAPHE DES NOMS.

1°. La première lettre des noms propres doit être une lettre capitale : *Pierre*, *Paris*.

2°. Tous les noms qui ne finissent point par *s* au singulier, en prennent une au pluriel. Exemples : *un jardin charmant ; des jardins charmants.*

3°. Quoiqu'on écrive *honneur* avec deux *n*, il n'y en a qu'une dans *honorer*.

4°. On écrit avec *mp compte*, *compter*, pour signifier *supputer ;* avec *m* seulement *comte*, *comté*, titre, dignité ; avec une *n conte*, *conter*, pour signifier *raconter*.

5°. On écrit avec *mp champ*, pour signifier *terre* ; et avec *nt chant*, pour signifier l'action de *chanter*.

6°. On écrit ainsi *faim*, besoin de manger, et *fin*, le terme où finit une chose : *la mort est la* fin *de la vie.*

MOTS *en* ace *et en* asse.

On écrit ainsi par *ce*, *glace*, *besace*, *grimace*, *espace*, *place*, *race*, *grâce*, etc.

Et par *sse*, *terrasse*, *basse*, *grasse :* tous les imparfaits du subjonctif de la première conjugaison : *j'aimasse*, *j'appelasse*, etc.

Mots en ance *et en* ence.

On écrit par *a* les mots suivants : *abondance, constance, vigilance, distance,* &c.

Et par *e, prudence, conscience, absence, clémence, éloquence,* &c. (On suit à cet égard l'orthographe latine : *abundantia, prudentia.*)

Mots en èce *et en* esse.

On écrit ainsi par *ce, nièce, pièce,* et par *sse, adresse, blesse, paresse,* &c.

Mots en ice *et en* isse.

On écrit ainsi par *ce, calice, office, artifice, précipice,* &c.

Et par *sse, écrevisse, réglisse, jaunisse ;* tous les imparfaits du subjonctif de la deuxième et de la quatrième conjugaison : *je finisse, je rendisse.*

Mots en sion, tion, xion, ction.

On écrit par une *s, appréhension, dimension, pension, convulsion, ascension,* &c. ; et par *t, attention, condition, agitation, discrétion,* &c.

Remarque : t conserve sa prononciation dans les noms où il est précédé d'une *s* ou d'un *x* ; *question, indigestion, mixtion ;* autrement il se prononce comme *s* ; *attention,* prononcez *attension.*

On écrit par *x ; fluxion, réflexion, complexion, génuflexion,* &c. et par *ct, action, distinction, séduction, prédilection,* &c.

(*Ces observations ne peuvent être réduites en règles générales ; la lecture, le dictionnaire et l'usage doivent seuls en tenir lieu.*)

4

ORTHOGRAPHE DES VERBES.

Présent de l'Indicatif.

Singulier. 1°. Si la première personne finit par *e*, *j'aime*, *j'ouvre*, &c., on ajoute *s* à la seconde ; la troisième est semblable à la première. Exemple : *j'aime, tu aimes, il aime.*

2°. Si la première personne finit par *s*, ou *x*, la seconde est semblable à la première ; la troisième finit ordinairement en *t*, *je finis, tu finis, il finit.* (Dans quelques verbes, la troisième personne se termine en *d* ; il *rend*, il *vend*, il *prétend*. (1))

Pluriel. Le pluriel, dans toutes les conjugaisons, se termine toujours par *ons*, *ez*, *ent* : *nous aimons, vous aimez, ils aiment ; nous finissons, vous finissez, ils finissent.*

Imparfait de l'Indicatif.

Il se termine toujours de cette manière : *ais, ais, ait, ions, iez, aient.*

J'aimais, tu aimais, il aimait, nous aimions, vous aimiez, ils aimaient.

Prétérit de l'Indicatif.

Le prétérit *défini*, a quatre terminaisons ; *ai, is, us, ins,* de cette manière :

J'aimai, tu aimas, il aima, nous aimâmes, vous aimâtes, ils aimèrent.

Je finis, tu finis, il finit, nous finîmes, vous finîtes, ils finirent.

Je reçus, tu reçus, il reçut, nous reçûmes, vous reçûtes, ils reçurent.

---

(1) Ce sont les verbes en *dre*, excepté ceux en *indre*, comme *peindre*, *joindre*, etc. et en *soudre*, comme *absoudre*, *dissoudre*, etc. qui perdent le *d*.

Je devins, tu devins, il devint, nous de-vînmes, vous devîntes, ils devinrent.

FUTUR DE L'INDICATIF.

Il se termine toujours ainsi : *rai, ras, ra, rons, rez, ront.*

J'aimerai, tu aimeras, il aimera, nous aimerons, vous aimerez, ils aimeront.

Je recevrai, tu recevras, il recevra, nous recevrons, vous recevrez, ils recevront (*).

CONDITIONNEL PRÉSENT.

Il se termine toujours ainsi : *rais, rais, rait, rions, riez, raient.*

J'aimerais, tu aimerais, il aimerait; nous aimerions, vous aimeriez, ils aimeraient.

Je recevrais, tu recevrais, il recevrait, nous recevrions, vous recevriez, ils recevraient.

PRÉSENT DU SUBJONCTIF.

Il se termine toujours ainsi : *e, es, e, ions, iez, ent.*

Que j'aime, que tu aimes, qu'il aime, que nous aimions, que vous aimiez, qu'ils aiment.

IMPARFAIT DU SUBJONCTIF.

Il a quatre terminaisons : *asse, isse, usse, insse,* de cette manière :

J'aimasse, tu aimasses, il aimât, nous aimassions, vous aimassiez, ils aimassent.

Je finisse, tu finisses, il finît, nous finissions, vous finissiez, ils finissent.

(*) N'écrivez pas *je recevErai, je rendErai;* on ne met E devant *rai* qu'à la première conjugaison.

Je reçusse, tu reçusses, il reçût, nous reçussions, vous reçussiez, ils reçussent.

Je devinsse, tu devinsses, il devînt, nous devinssions, vous devinssiez, ils devinssent.

Remarquez que les secondes personnes plurielles des verbes ont ordinairement un *z* à la fin.

REMARQUES

Sur l'orthographe des Pronoms, Adverbes, et autres mots.

Leur ne prend jamais *s* à la fin, quand il est joint à un verbe ; alors il signifie *à eux, à elles : ces enfants ont été sages, je* leur *donnerai un prix.*

Leur, suivi d'un nom pluriel, prend l'*s* : alors il signifie *d'eux, d'elles : un père aime ses enfants, mais il n'aime pas* leurs *défauts.*

On ne met point d'accent sur *o* dans *notre, votre,* quand ils sont devant un nom ; *votre père, notre maison :* mais on met un accent circonflexe sur *ô* dans *le nôtre, le vôtre, la nôtre, la vôtre ;* Exemple : Mon *livre est plus beau que le* vôtre.

On met un accent grave sur *là*, adverbe de lieu ; *allez-là :* on n'en met point sur *la* article ; la *mère :* ni sur le pronom féminin *la ; je* la *connais.*

On met un accent grave sur *où*, adverbe de lieu : *où allez-vous ?*

On n'en met point sur *ou*, conjonction : *c'est vous* ou *moi.*

On met un accent grave sur *à*, préposition : *je vais* à *Paris*.

On n'en met point sur *a*, troisième personne du verbe *avoir : il* a *de l'esprit*.

On met un accent circonflexe sur *dû*, participe du verbe *devoir ; rendez à chacun ce qui lui est* dû : on n'en met point sur *du* article ; *la lumière* du *soleil*.

DE L'APOSTROPHE.

L'Apostrophe (') marque le retranchement d'une de ces trois lettres, *a, e, i*.

a, e, suivis d'une voyelle ou d'une *h* muette, se retranchent dans *le*, *la*, *je*, *me*, *te*, *se*, *de*, *ne*, *que*, *ce*.

Le, on dit : *l'ami*, *l'enfant*, *l'instinct*, *l'oiseau*, *l'univers*, *l'honneur*, pour *le enfant*, &c.

La, on dit : *l'abeille*, *l'épée*, *l'intention*, *l'oisiveté*, pour *la abeille*, *la épée*, &c.

Je, on dit : *j'apprends*, *j'étudie*, *j'honore*, *j'oublie*, &c. pour *je apprends*, &c.

Me, on dit : *vous m'aimez*, *vous m'estimez*, *vous m'instruisez*, pour *me aimez*, &c.

Te, on dit : *je t'avertis*, *je t'ennuie*, *je t'invite*, &c. pour *te avertis*, &c.

Se, on dit : *il s'amuse*, *il s'ennuie*, *il s'instruit*, *il s'occupe*, pour *se amuse*, &c.

De, on dit : *beaucoup d'apparence*, *d'ignorance*, *d'orgueil*, pour *de apparence*, &c.

Ne, on dit : *je n'aime pas*, *je n'estime pas*, *il n'obéit pas*, pour *ne aime*, &c.

Que, on dit : *qu'avez-vous fait ? qu'importe ?* pour *que avez-vous fait ?* &c.

Ce, on dit : *c'est la vérité*, pour *ce est*, &c.

E, à la fin des mots *quelque, entre, jusque.*

Quelque perd *e* devant *un, autre*, quelqu'*un*, quelqu'*autre*.

Entre, perd *e* devant *eux, elles, autres*, entr'*eux*, entr'*elles*, entr'*autres*.

Jusque, perd *e* devant *à, au, aux*, *ici* : jusqu'*à Paris*, jusqu'*au ciel*, jusqu'*ici*.

I, se retranche dans le mot *si* devant *il*, *ils* : s'il *arrive*, s'ils *viennent*.

DU TRAIT-D'UNION.

Le *trait-d'union* (-) se met entre les verbes et *je, me, moi, toi, tu, nous, vous, il, ils, elle, elles, le, la, les, lui, leur, y, en, ce, on*, quand ces mots sont placés après le verbe.

Exemples. *Irai-je? viens-tu? donnez-lui; achèvera-t-il? viendra-t-elle? a-t-on fait? prenez-en*, &c.

On met encore le trait-d'union entre deux mots tellement joints ensemble qu'ils n'en font plus qu'un : *chef-d'œuvre, courte-pointe, avant-coureur.*

DU TRÉMA.

Le *tréma* (¨). On appelle ainsi deux points placés sur les voyelles *i, u, e*, quand ces lettres doivent être prononcées séparément de la voyelle qui précède, comme *haïr, païen, aïeul, ambiguë*, pour empêcher qu'on ne prononce ce dernier mot comme *fatigue.*

DE LA CÉDILLE.

La *Cédille* (ç). On appelle ainsi une petite figure qu'on met sous le *c* devant *a*, *o*, *u*, pour avertir qu'il doit avoir le son de *s*, comme dans *façon*, *leçon*, *façade*, *reçu*.

DE LA PARENTHÈSE.

La *Parenthèse*. On appelle ainsi deux crochets ( ), dans lesquels on renferme quelques mots détachés. Exemple : *Celui qui évite d'apprendre (dit le Sage) tombera dans le mal.*

DE LA PONCTUATION.

Il y a six marques pour indiquer en écrivant les endroits du discours où l'on doit s'arrêter.

1°. La virgule (,) se met après les noms, les adjectifs, les verbes qui se suivent.

Exemples. *La candeur, la docilité, la simplicité, sont les vertus de l'enfance.*

La charité est douce, patiente, bienfaisante.

La virgule sert encore à distinguer les différentes parties d'une phrase.

Exemple. *L'étude rend savant, et la réflexion rend sage.*

2°. Le point avec la virgule (;) se met entre deux phrases dont l'une dépend de l'autre.

Exemple. La douceur est, à la vérité, une vertu; mais elle ne doit pas dégénérer en faiblesse.

3°. Les deux points (:) se mettent après une phrase finie, mais suivie d'une autre qui sert à l'étendre ou à l'éclaircir.

Exemple. Il ne faut jamais se moquer des misérables: car qui peut s'assurer d'être toujours heureux?

4°. Le point (.) se met à la fin des phrases, quand le sens est entièrement fini.

Exemple. Le mensonge est le plus bas de tous les vices.

5°. Le point interrogatif (?) se met à la fin des phrases qui expriment une interrogation.

Exemple. Quoi de plus beau que la vertu?

6°. Le point d'admiration (!) se met après les phrases qui expriment l'admiration.

Exemples. Qu'il est doux de servir le Seigneur!

Qu'il est glorieux de mourir pour la Patrie! (1)

---

(1) On appelle aussi ce signe *point exclamatif*, parce qu'on en fait usage dans toutes les exclamations; exemples : *Que cela est affreux! Combien il est heureux!*

TABLEAU DES PRÉPOSITIONS, DES ADVERBES ET DES CONJONCTIONS. (1)

PRÉPOSITIONS.	PRÉPOSITIONS.	ADVERBES.
à	pour	céans
à côté de	près de	cependant
à cause de	proche de	ci
à travers	quant à	ci-après &c.
* attendu	sans	combien
après	* sauf	comme (*il est fait*).
à-peu-près	selon	comment
auprès de	sous	d'abord
autour de	* suivant	d'ailleurs
au travers de	sur	davantage
avant	* touchant	dedans
avec	vers.	déjà
chez	vis-à-vis de	d hors
* concernant	* vu	delà (*vient*) ?
contre	ADVERBES.	demain
dans		de même.
de	ailleurs	demi (*mort*)
delà	ainsi	de plus
depuis	à jamais	de suite
derrière	à la fois	de nuit &c.
dès	alentour	* derrière
dessus	alors	désormais
dessous	après (*il dit*)	dessus
devant	à part	dessous.
* durant	après demain	* devant
en	à présent	d'ordinaire
en deçà de	à regret &c.	dorénavant
entre	à tort, à travers	d'où
envers	assez	du reste
* excepté	au moins	du tout
hormis	au plus	en avant &c.
hors	aujourd'hui	encore
jusqu'à	auparavant	en effet
loin de	au reste.	enfin
malgré	aussi	ensemble
moyennant	aussitôt	ensuite
nonobstant	autrefois	en vain
outre	avant-hier	environ
par	avec soin &c.	exprès
par-delà	beaucoup	fort (*sage*)
par-dessus	bien (*sage*)	gratis
parmi	bientôt	guère.
* pendant	certes	hier

(1) Les mots marqués d'une astérisque sont employés accidentellement comme prépositions, adverbes ou conjonctions.

ADVERBES.	ADVERBES.	CONJONCTIONS.
ici	souvent	c'est-à-dire
incessamment	sur tout	comme
* incontinent	tant	d'autant que
incognito	tantôt	de crainte que
jadis	tard	de façon que
jamais	tôt	de manière que
jusque (*sur*)	tôt-ou-tard	de même que
jusqu' (*à*)	toujours	de plus
là	tour-à-tour	de sorte que
là-dedans &c.	tout (*étourdi*)	dès que
long-temps	tout-à-coup	donc
loin	tout-à-fait	durant que
maintenant	tout d'un-coup	de là (*il suit*) ?
mal (*fait*)	toutefois	en sorte que
même (*on dit*)	très	et
mieux	trop	encore (*est-il heureux*)
moins	volontiers	encore que
naguère	vraiment	en cas que
ne	véritablement	jusqu'à ce que
ne pas	Et autres adverbes	loin que
ne point	en *ment* qu'il est facile	lorsque
néanmoins	de reconnaître.	mais
non (*avenu*)	Il y a aussi des adjec-	ni
nullement	tifs employés adverbi-	or
nulle part	alement, comme *bon*,	ou
ni plus	*haut*, *cher*, &c.	ou bien
ni moins		outre que
où	**CONJONCTIONS.**	par conséquent
par hasard &c.		parce que
partout	afin que	* partant (*plus de bon*
peu (*aimable*)	ainsi (*il s'en alla*)	heur)
peut-être	ainsi que	pendant que
pis	à moins que	pourvu que
plus	après tout.	puisque
pour le plus	au cas que	quand
pourtant	aussitôt que	quoique
présentement	attendu que	* savoir
presque	avant que	si (*je veux*)
près	au surplus	si bien que
* proche	à condition que	si non
puis (*il dit*)	au contraire	* soit
* quand (*viens-tu?*)	au moins	soit que
quasi	au reste	tandis que
que (*tu es bon*)	aussi (*est-il-sage*)	tant que
quelque (*aimable*)	bien que	vu que
si (*bon*)	bien entendu que	
soudain	car	
	c'est pourquoi	

FIN DE LA TABLE.

SENLIS, IMPRIMERIE DE TREMBLAY.